正しくえんぴつが持てるメリット

手が疲れにくくなる

無駄な力を使わないため、
手が疲れにくくなり、
勉強効率が上がる。

姿勢がよくなる

手の平を下に向けることで脇が
締まり、正しい姿勢になる。

えんぴつの持ち方一つで

「成績が大きく変わる」

とも言えるのです!

集中して取り組める

姿勢がよくなることで、手・目・
首・肩など、体全体が疲れにくくなり、
長い時間でも集中できる。

早く書けるようになる

自由自在にえんぴつをコントロール
できるようになると、書くスピード
も向上し、日々の勉強や試験の際の
時間短縮にもつながる。

字がきれいになり、学力アップ。

上手にえんぴつを動かす
ことができるため、きれいな字に
なり、ノートが読みやすく
学力がアップする。

JN151922

正しくえんぴつを持っている子どもの割合は、未就学児で半分以下という結果があります。一度間違った持ち方で覚えてしまうと、その「くせ」を直すのに時間がかかるため、スタートラインのいまこそ「正しい持ち方」を身につけることが重要です。

本書では、えんぴつの持ち方にくわえて、消しゴムの使い方も記されています。えんぴつと消しゴムは大切なパートナーであることを理解して、一緒に上手な使い方を身につけましょう。

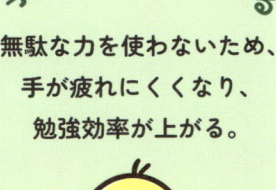

えんぴつの　ただしい　もちかた

❶ おやゆびと　ひとさしゆびで
つまむ。

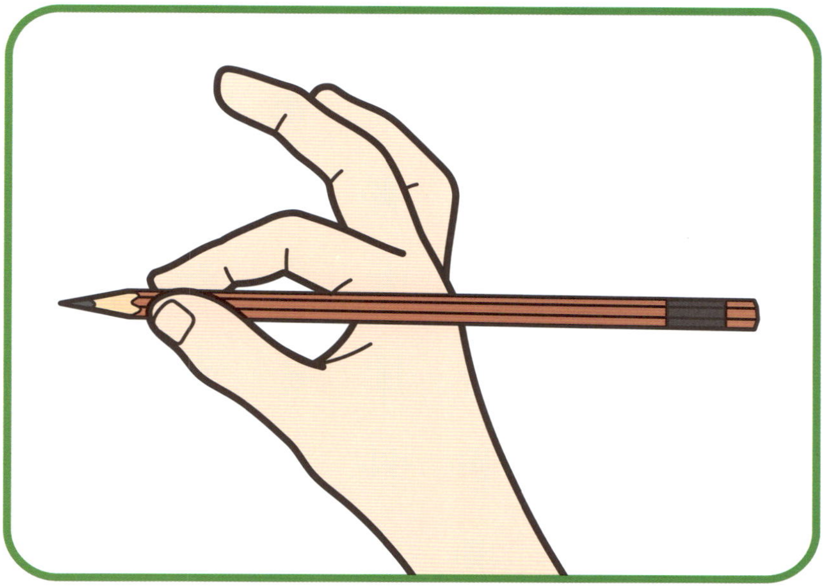

❷ えんぴつが　ひとさしゆびの
●にのるように　かたむける。

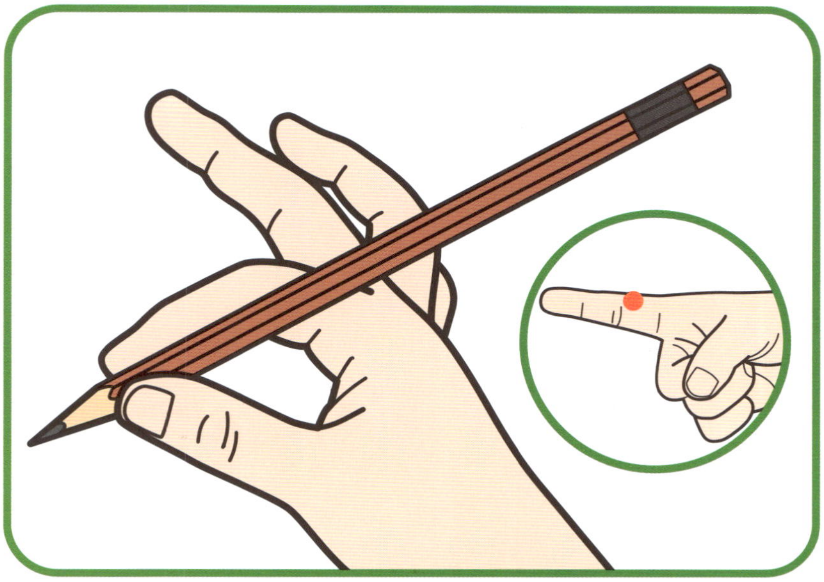

❸ したから　なかゆびを
くっつける。

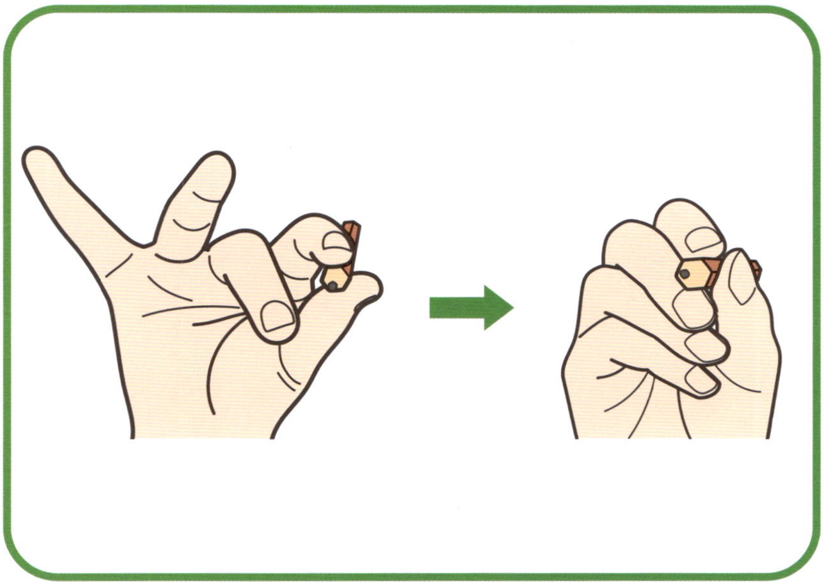

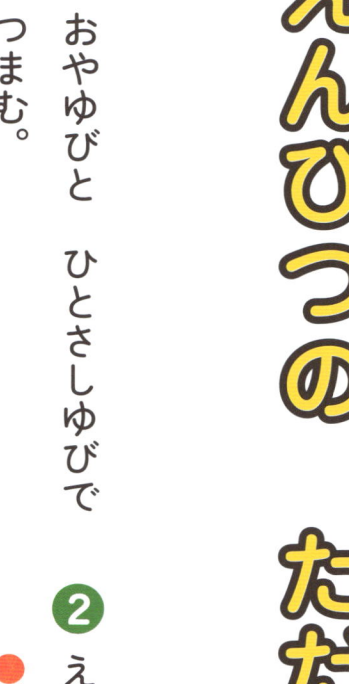

6かっけいのえんぴつなら　ひとつおきに
おやゆび　ひとさしゆび　なかゆび　をおく。

ゆびを　おく　いち

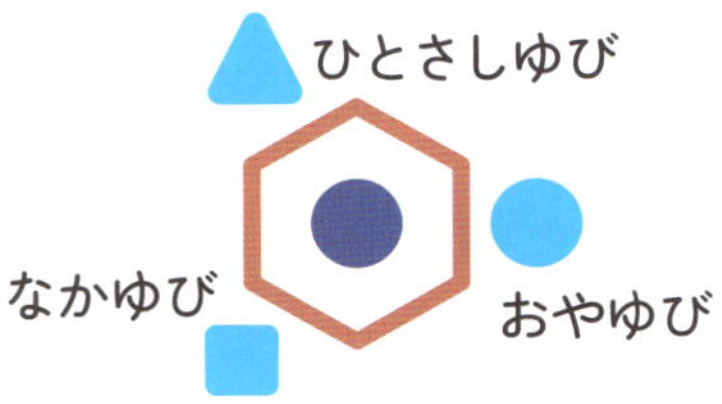

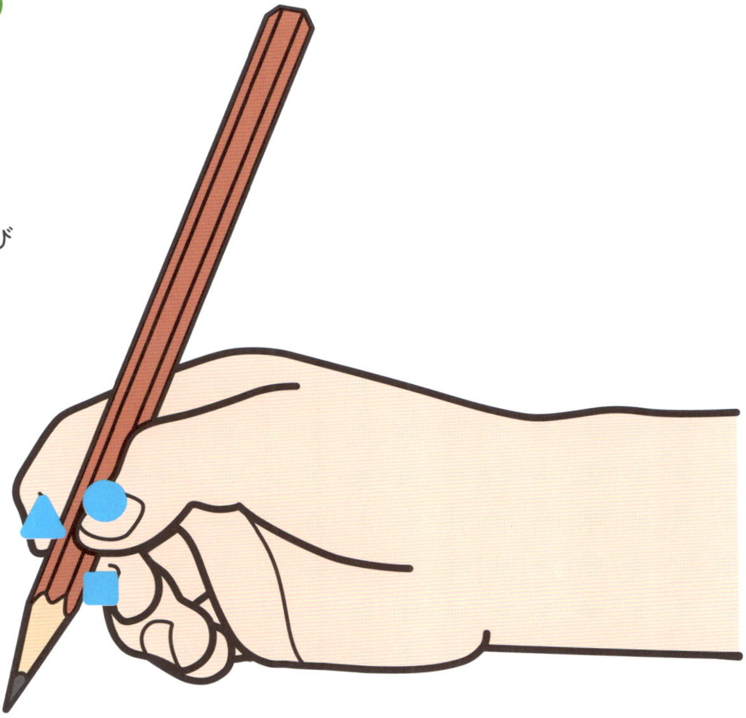

えんぴつのかくどは　よこからみて　60どくらい
まえからみて　そとがわに　20どくらいかたむける。

よこ

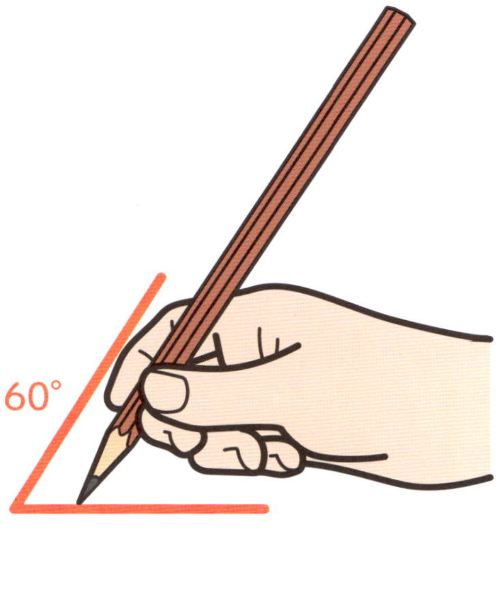

まえ

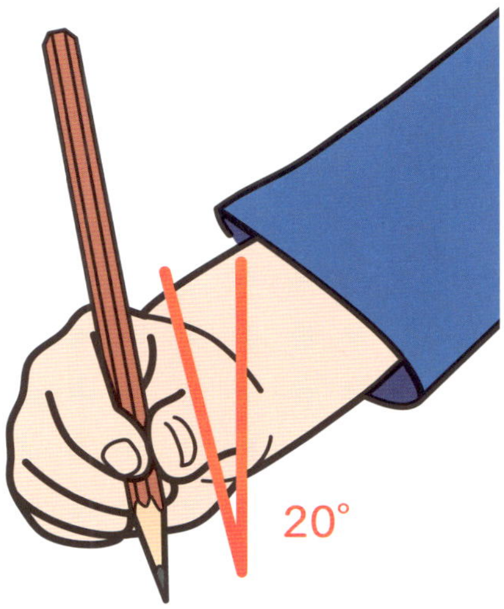

まっすぐな　せんを　かいてみよう

―― を　なぞってみよう。

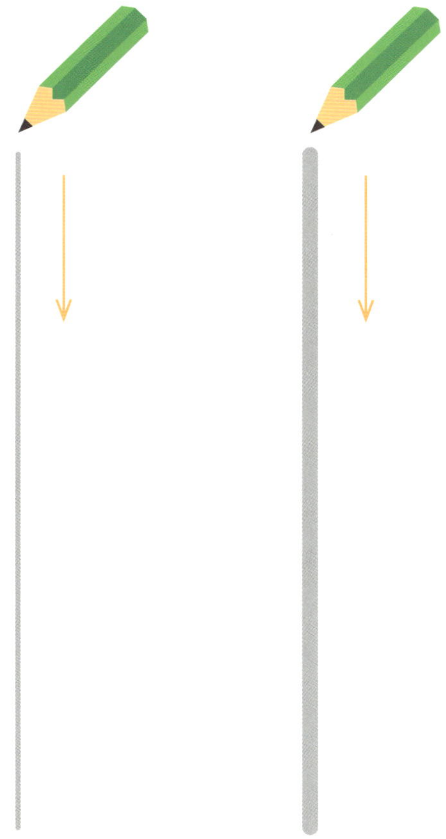

まっすぐに●と●を　つなげてみよう。

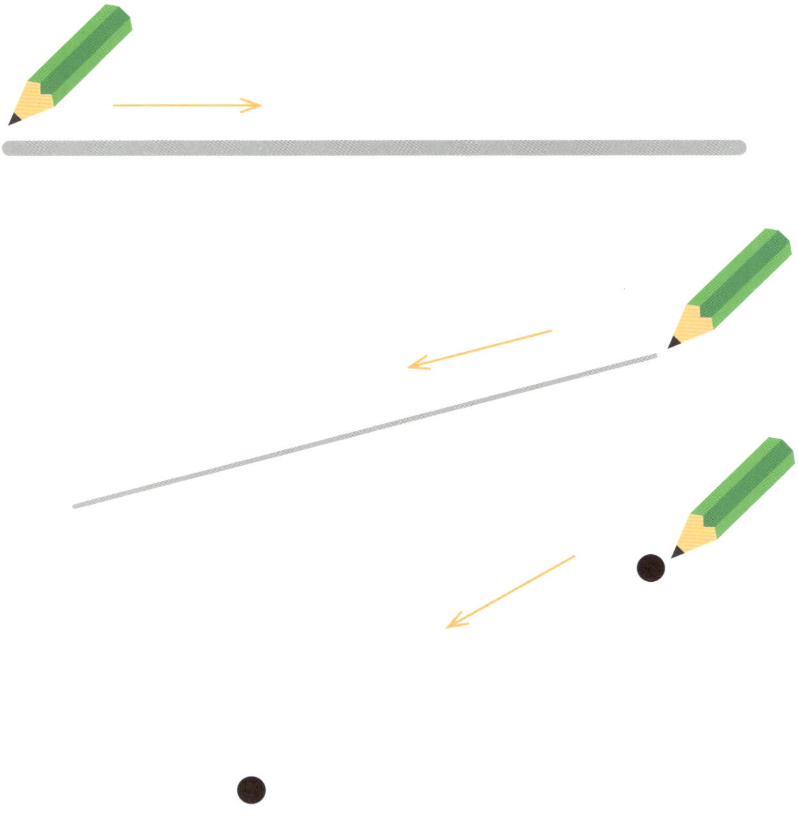

ぎざぎざな　せんを　かいてみよう

—— を　なぞってみよう。　●と●は　まっすぐに　つなげてみよう。

おなじなかまを　せんで　つなごう

くいず1

くいず2

くいず3

まっすぐな　せんを　なぞって　えを　かこう

―― を　なぞって　みよう。

まっすぐな　せんを　なぞって　えを　かこう

—— を　なぞってみよう。

まっすぐな　せんを なぞって　えをかこう

—— を　なぞってみよう。

まっすぐなせんを　なぞって　えをかこう

―― を　なぞって みよう。

まっすぐなせんを　なぞって　えをかこう

——を　なぞってみよう。

てん と てんを つないで えを かこう

ひだりの　えを　まねて　●　をつないでみよう。

ろけっと

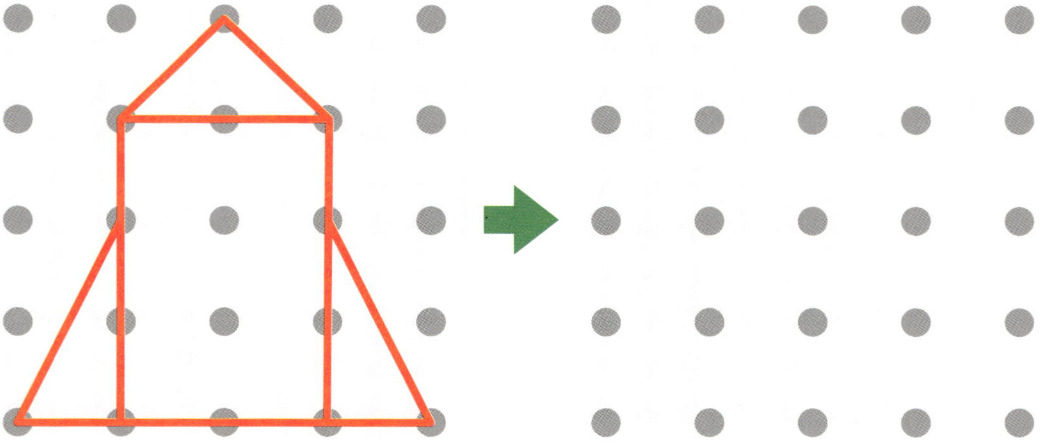

むし

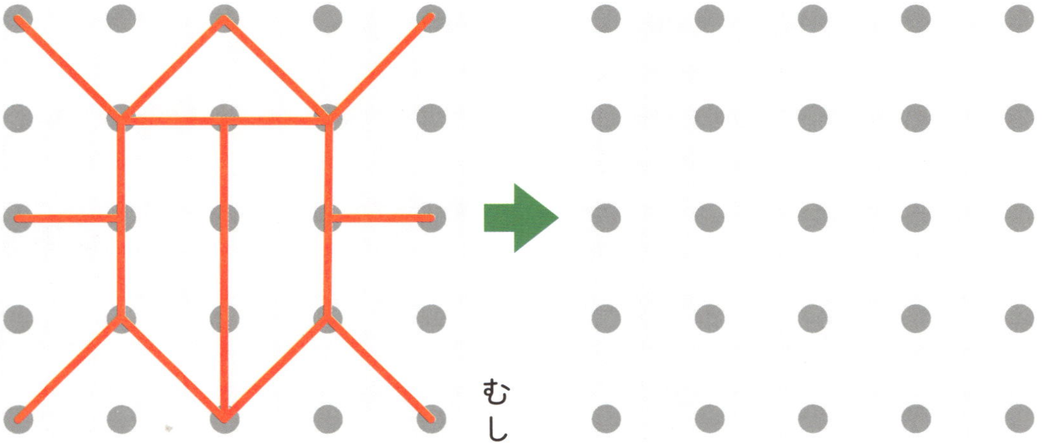

とうだいコース

ほうせき

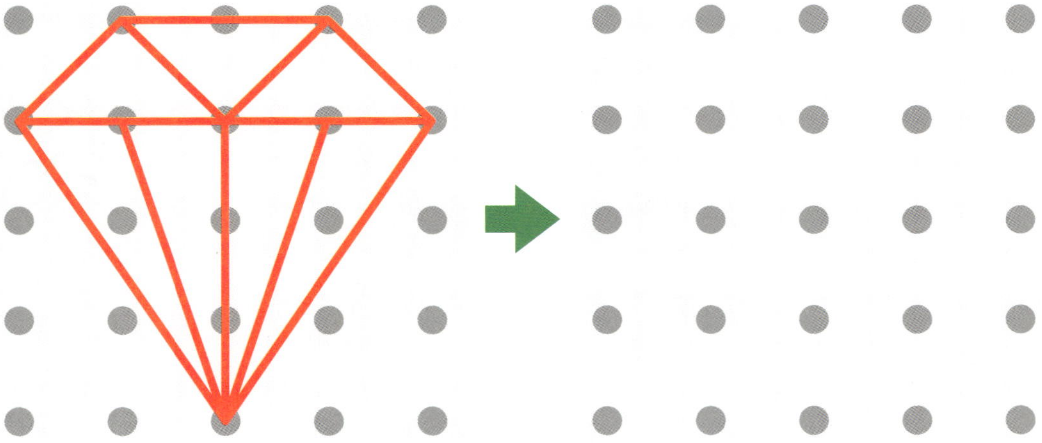

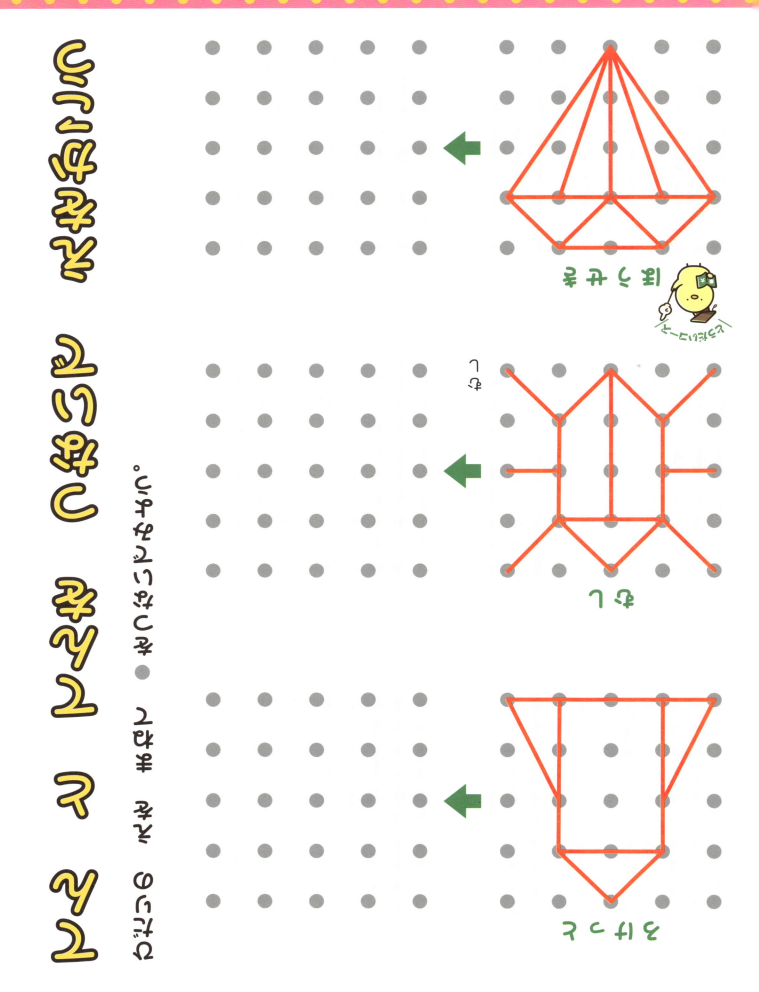

てん と てんを つないで えをかこう

ひだりの　えを　まねて　●　をつないでみよう。

ねこ

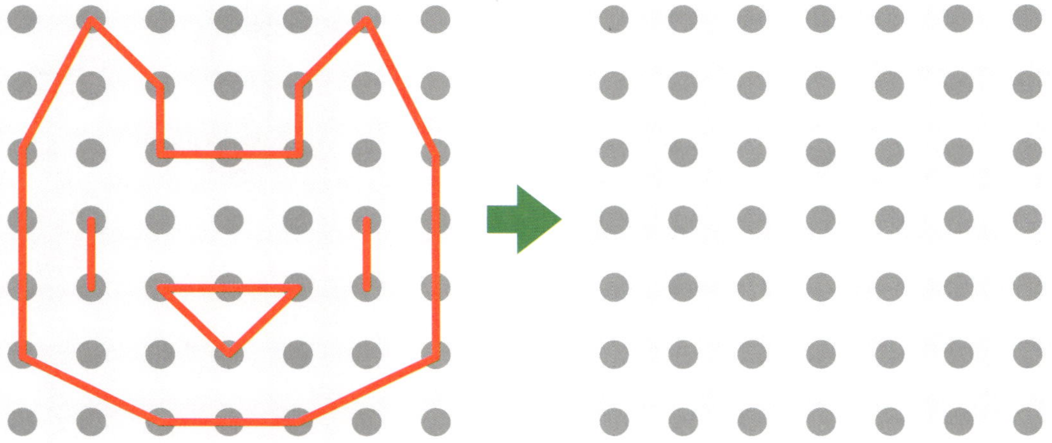

はな

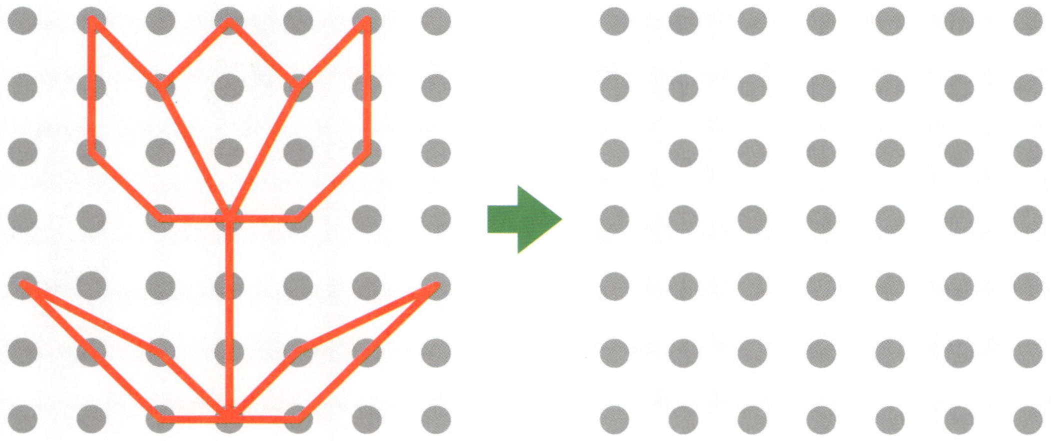

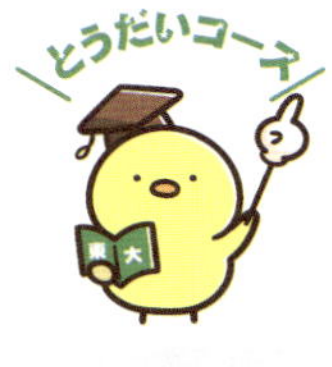

りぼん

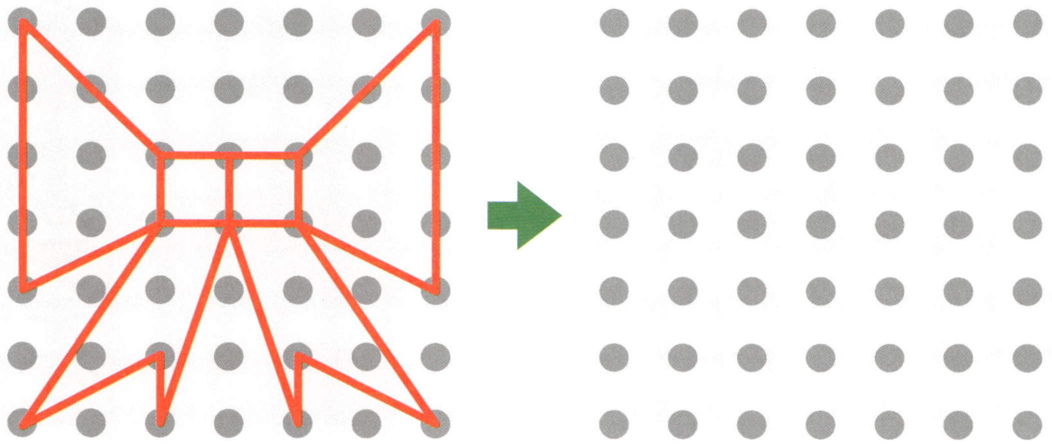

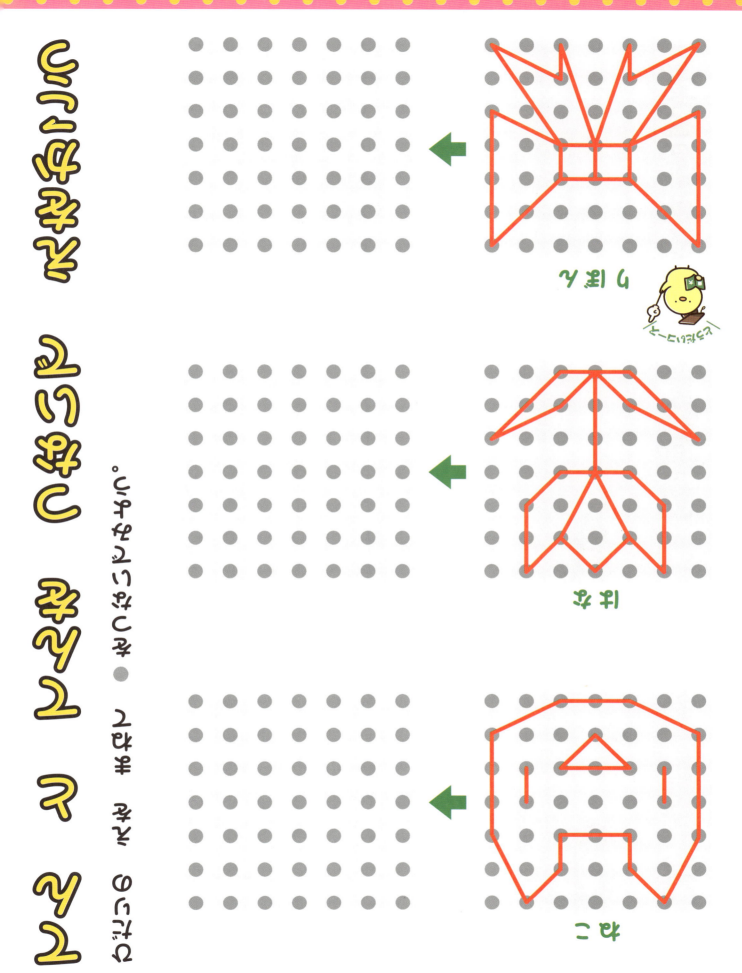

けしごむの　つかいかたを　おぼえよう

ぽいんと1

おやゆびを　ひらいて
かみを　しっかり　おさえる。
かみが　やぶれにくくなる。

ぽいんと2

まっすぐに　けすのではなく
ななめに　けす。

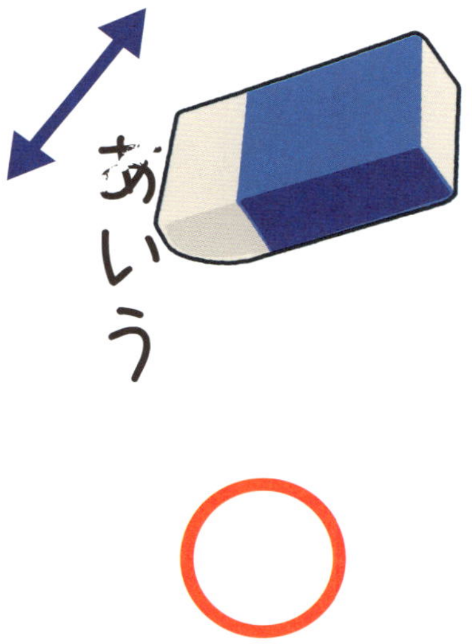

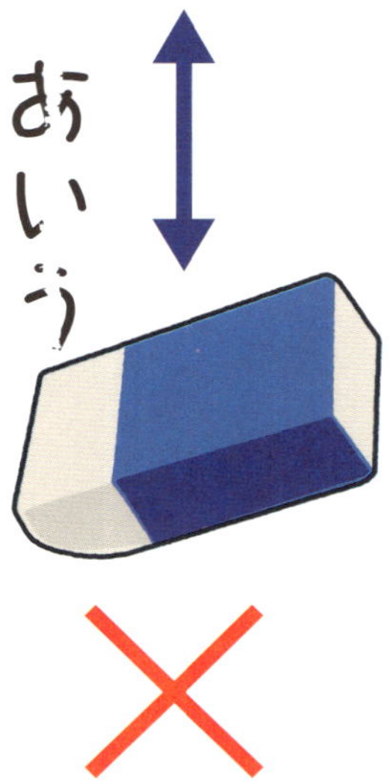

ぽいんと3

けしたい　もじが　ちいさい
ときは　けしごむの　とがった
ぶぶん（かど）を　つかう。

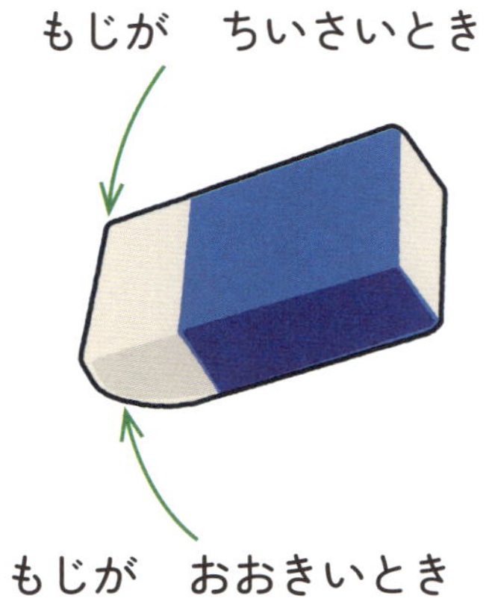

ぽいんと4

さいしょは　すこし　かるめに
こすり　すこしずつ　ちからを
いれて　けす。

まっすぐな　めいろで　あそぼう

はみださないように　ごーるまで　せんを ひこう。はみだしたら　けしごむで　けそう。

まっすぐな　めいろで　あそぼう

はみださないように　ごーるまで　せんをひこう。はみだしたら　けしごむで　けそう。

まっすぐな　めいろで　あそぼう

はみださないように　ごーるまで　せんをひこう。はみだしたら　けしごむで　けそう。

まっすぐな　めいろで　あそぼう

はみださないように　ごーるまで　せんをひこう。
はみだしたら　けしごむで　けそう。

まっすぐな　めいろで　あそぼう

はみださないように　ごーるまで　せんをひこう。
はみだしたら　けしごむで　けそう。

まるや　ぐるぐるの　せんを　かこう

— を　なぞってみよう。

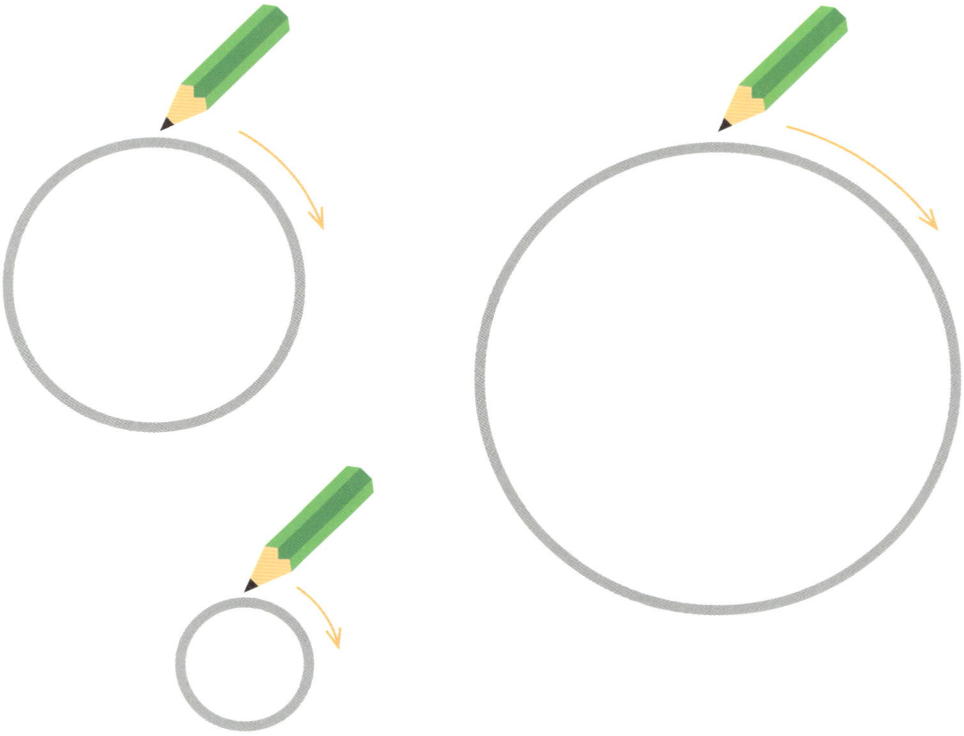

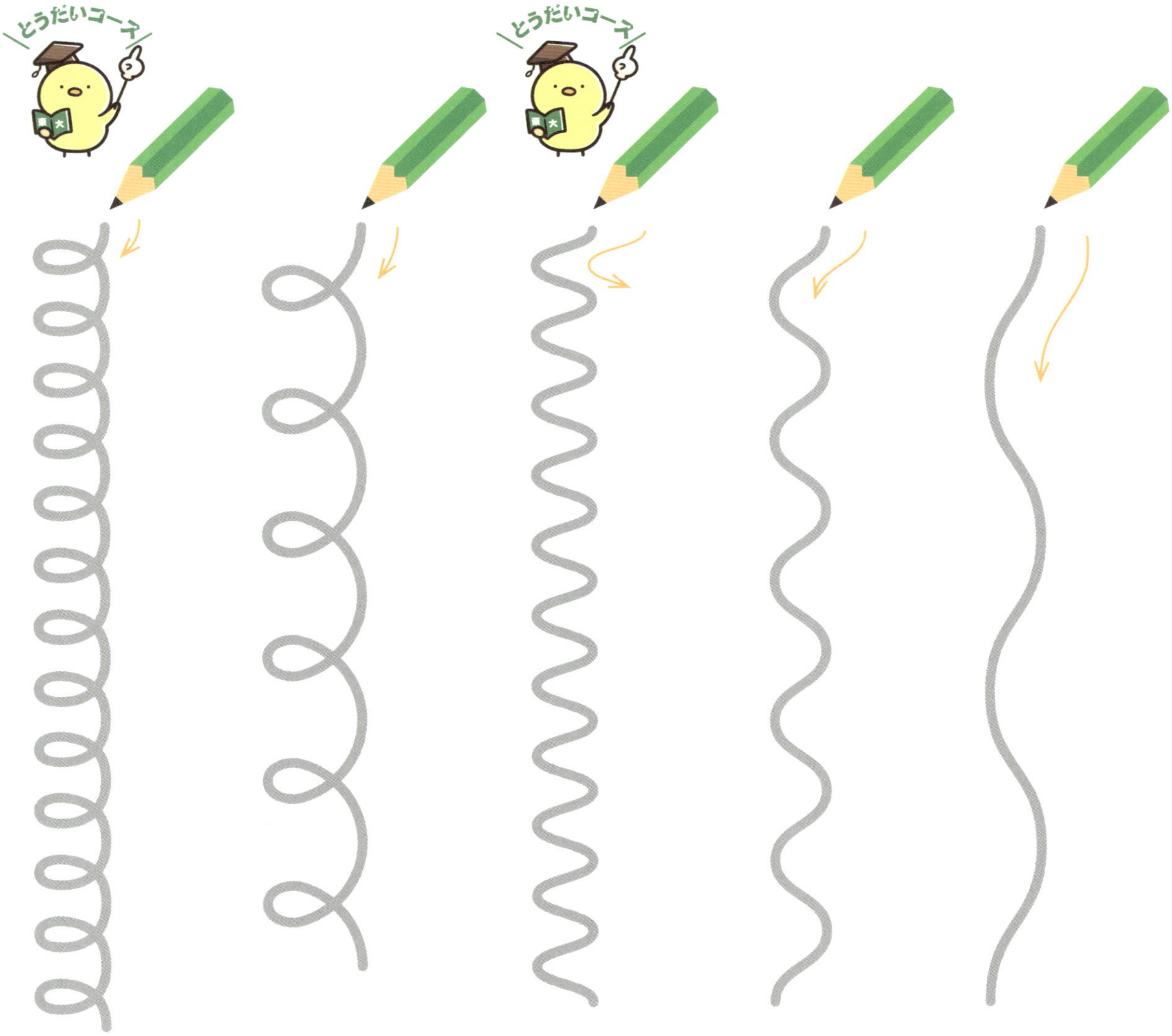

せんを　なぞって　えをかこう

―― を　なぞってみよう。

せんを　なぞって　えをかこう

―― を　なぞってみよう。

せんを　なぞって　えをかこう

——を　なぞってみよう。

せんを　なぞって　えをかこう

—— を　なぞってみよう。

ちがうなかまを　○で　かこもう

くいず1

くいず2

くいず3

くいず4

くいず5

まがりくねった めいろで あそぼう

とうだいコース

まがりくねった　めいろで　あそぼう

まがりくねった　めいろで　あそぼう

まがりくねった　めいろで　あそぼう

とうだいコース

しりとり めいろで あそぼう

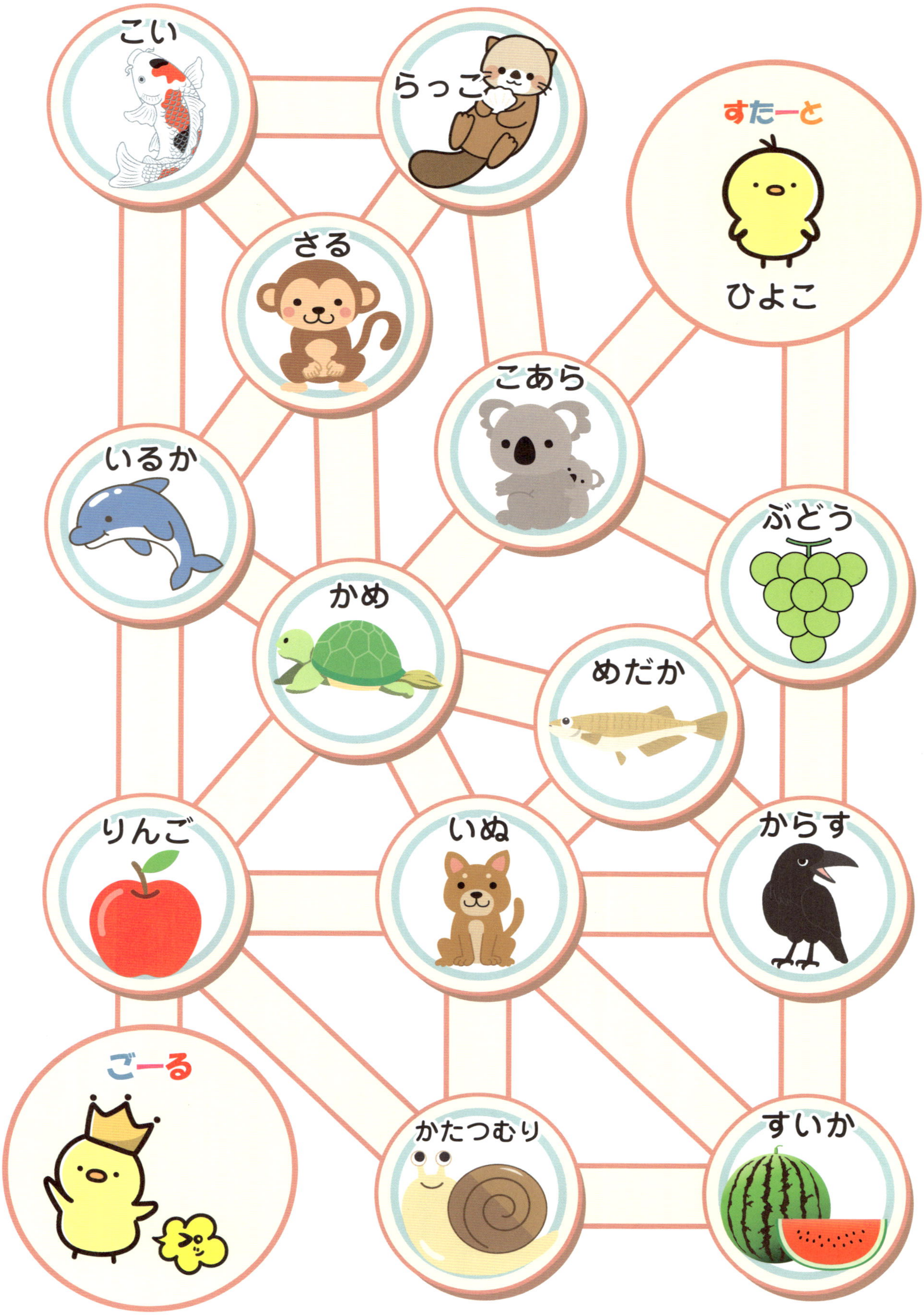

いきどまり　めいろで　あそぼう

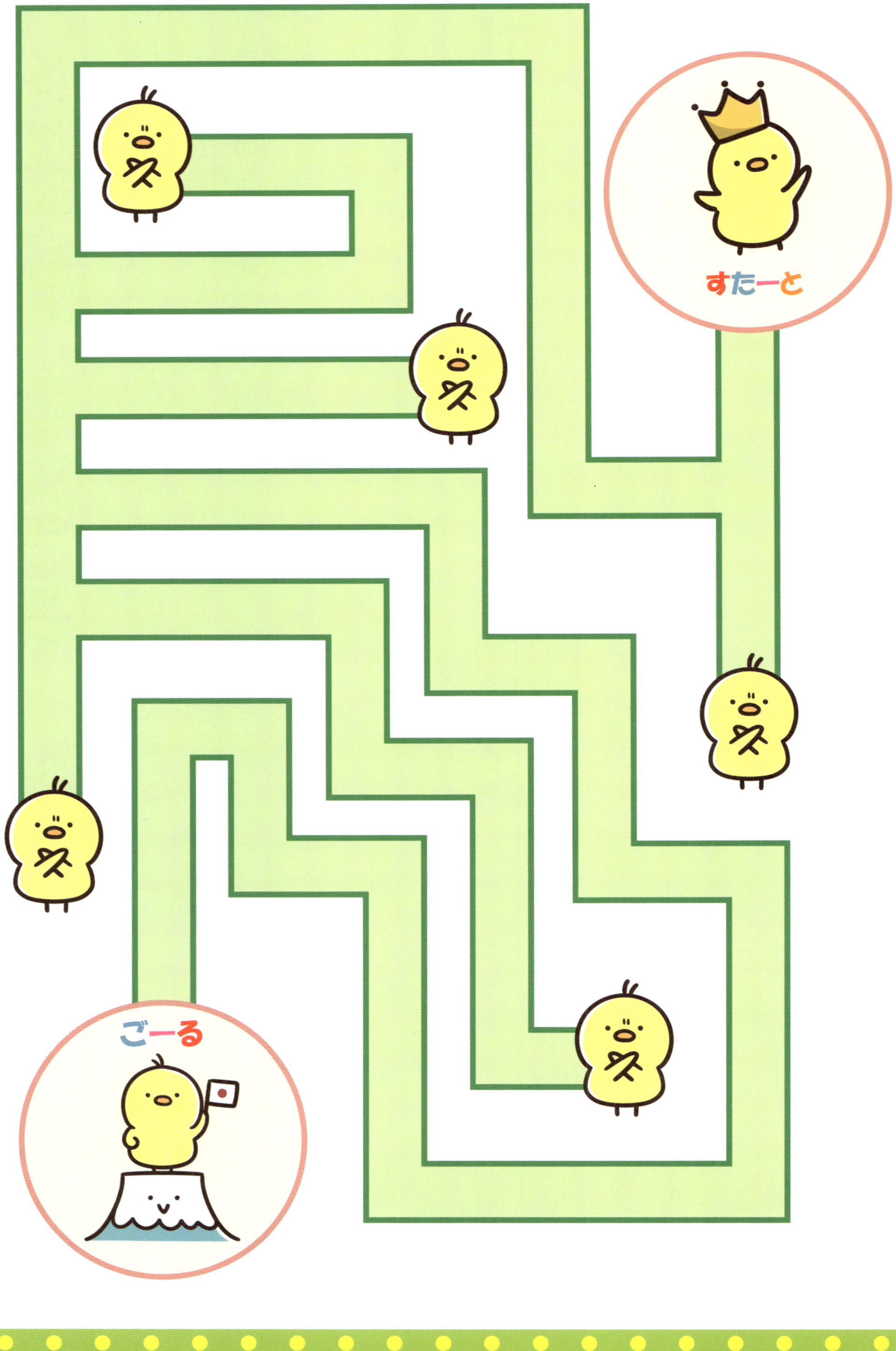

あいうえお　をかこう

おてほんのじゅんに――をなぞろう。□のなかにかいてみよう。

あ　あ　あ

い　い　い

う　う　う

え　え　え

お　お　お

しりとりで
おもいうかべる
ことばは？

あり

あいす

いちご

いえ

うさぎ

うし

えんぴつ

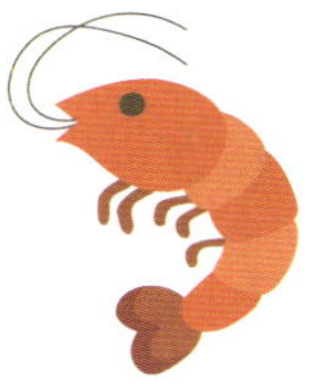

えび

おなら

おにぎり

かきくけこ をかこう

おてほんのじゅんに——をなぞろう。□のなかにかいてみよう。

か き く け こ

か き く け こ

か き く け こ

しりとりで おもいうかべる ことばは？

かえる

かさ

き

きつね

くま

くも

けーき

けむし

こあら

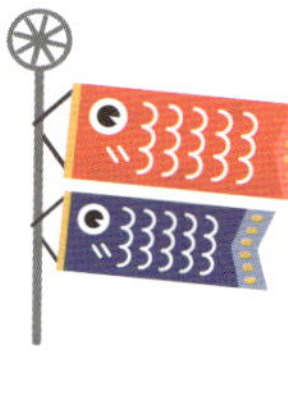
こいのぼり

さしすせそ　をかこう

おてほんのじゅんに――をなぞろう。□のなかにかいてみよう。

さ　し　す　せ　そ

しりとりで
おもいうかべる
ことばは？

さる

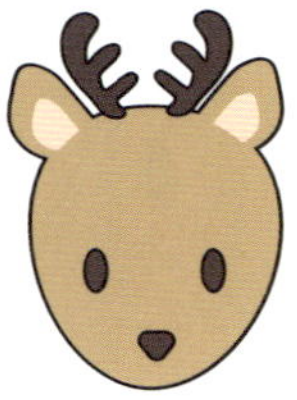
しか

すいか

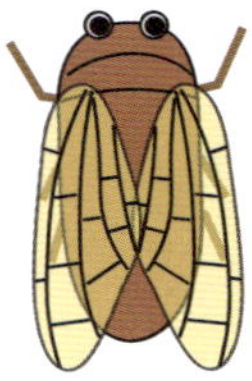
せみ

そば

さかな

しまうま

すし

せんたくき

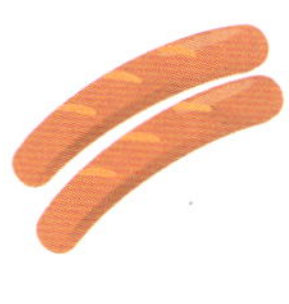
そーせーじ

たちつてと　をかこう

おてほんのじゅんに ―― をなぞろう。□のなかにかいてみよう。

た ち つ て と

た ち つ て と

た ち つ て と

たぬき

ちょう

つき

てれび

とまと

たいやき

ちーず

つる

てぶくろ

とけい

なにぬねの　をかこう

おてほんのじゅんに――をなぞろう。□のなかにかいてみよう。

な　に　ぬ　ね　の

しりとりで おもいうかべる ことばは？

なす

なっとう

にんじゃ

にく

ぬりえ

ぬいぐるみ

ねこ

ねぎ

のーと

のり

はひふへほ をかこう

おてほんのじゅんに——をなぞろう。□のなかにかいてみよう。

は ひ ふ へ ほ

は ひ ふ へ ほ

は ひ ふ へ ほ

はな

ひ

ふで

へび

ほし

はち

ひつじ

ふね

へりこぷたー

ほうき

しりとりで
おもいうかべる
ことばは？

まみむめも　をかこう

おてほんのじゅんに——をなぞろう。□のなかにかいてみよう。

ま　み　む　め　も

まめ

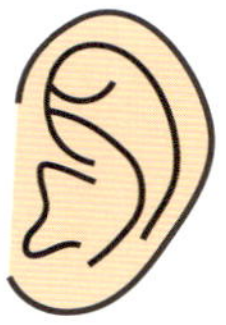

みみ

むし

め

もも

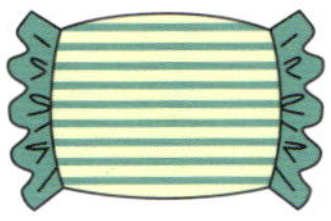

まくら

みず

むぎわらぼうし

めがね

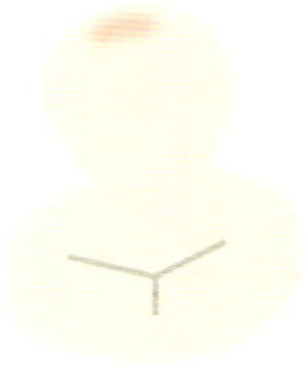

もち

しりとりで　おもいうかべる　ことばは？

らりるれろ をかこう

おてほんのじゅんに ―― をなぞろう。□のなかにかいてみよう。

ら り る れ ろ

しりとりで
おもいうかべる
ことばは？

らくだ

りんご

るびー

れたす

ろけっと

らんどせる

りす

るーれっと

れいんこーと

ろぼっと

やゆよわをん　をかこう

おてほんのじゅんに――をなぞろう。□のなかにかいてみよう。

やゆよわを

やゆよわを

やゆよわを

ん

ん

しりとりで
おもいうかべる
ことばは？

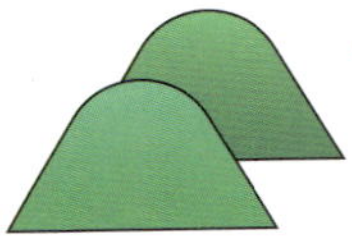
やま

やぎ

ゆびわ

ゆきだるま

よっと

ようかい

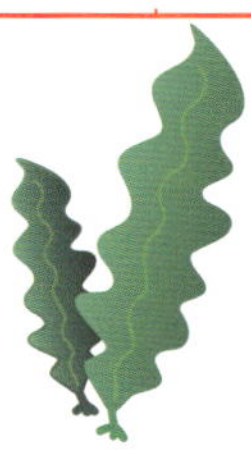
わかめ

わたあめ

あいうえお　のじゅんに　つなげよう

なにが　かけたかな？　ただしいこたえに　まるを　つけよう。

くいず1

- とんぼ
- かみひこうき
- つる

くいず2

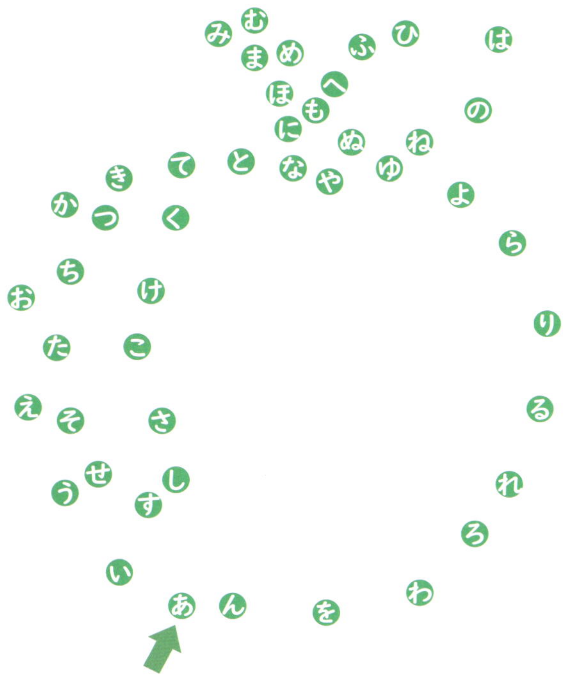

- ぼうし
- にんじん
- りんご

くいず3

- らーめん
- さかな
- きつね

あいうえお　のじゅんに　つなげよう

なにが　かけたかな？　ただしいこたえに　まるを　つけよう。

くいず1

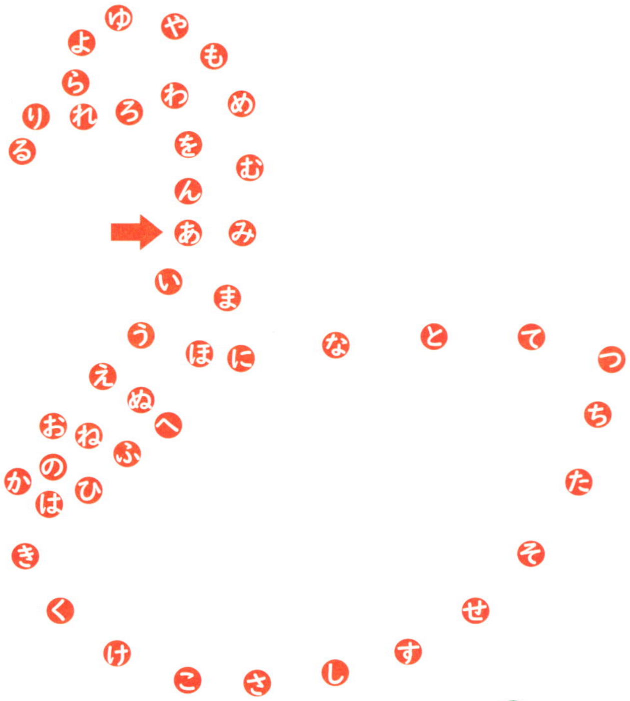

- あひる
- はな
- かめ

くいず2

- ねこ
- でんしゃ
- わに

くいず3

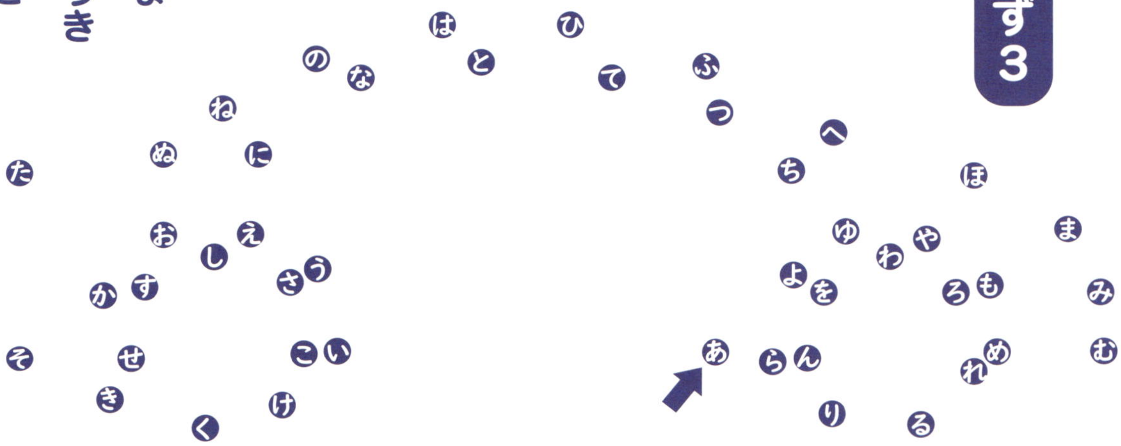

- くるま
- ひこうき
- よっと

あいうえお　のじゅんに　つなげよう

なにが　かけたかな？　ただしいこたえに　まるを　つけよう。

（おなじいろの　すうじを　つないでね）

くいず1

- ろけっと
- そふとくりーむ
- よっと

くいず2

- ゆきだるま
- ぴあの
- ぎたー

まちがっている ひらがなを さがそう

みつけたら まるで かこもう！

くいず1

あいうえお

くいず2

かきくけこ

くいず3

さしすせそ

くいず4

たちつてと

くいず5

はひふへほ

なかまはずれの　ひらがなを　さがそう

みつけたら　まるで　かこもう！

くいず1

あ お あ あ あ

くいず2

き き さ き き

くいず3

ぬ ぬ ぬ ぬ め

くいず4

れ れ れ ね れ

くいず5

ほ は は は は

1から10までの　すうじを　おぼえよう

いち

1

に

2

さん

3

し
（よん）

4

ご

5

ろく

6

しち
（なな）

7

はち

8

く
（きゅう）

9

じゅう

10

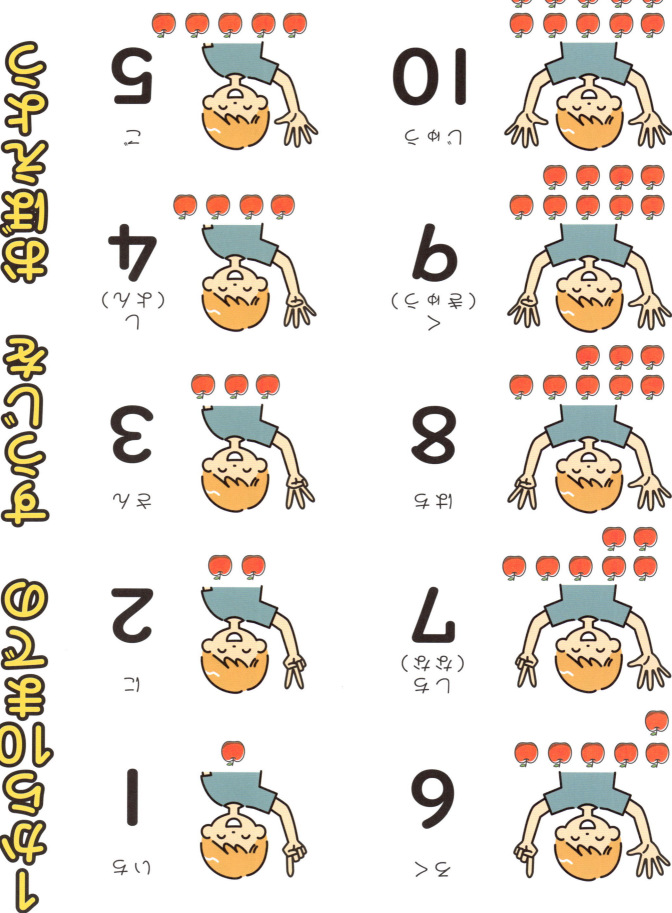

11から15までの　すうじを　おぼえよう

11《じゅういち》

12《じゅうに》

13《じゅうさん》

14《じゅうし（じゅうよん）》

15《じゅうご》

16から20までの　すうじを　おぼえよう

じゅうろく

16

じゅうしち
（じゅうなな）

17

じゅうはち

18

じゅうく
（じゅうきゅう）

19

にじゅう

20

すうじを　じゅんばんに　つなげよう

なにが　かけたかな？　ただしいこたえに　まるを　つけよう。

くいず1

- いえ
- かば
- りんご

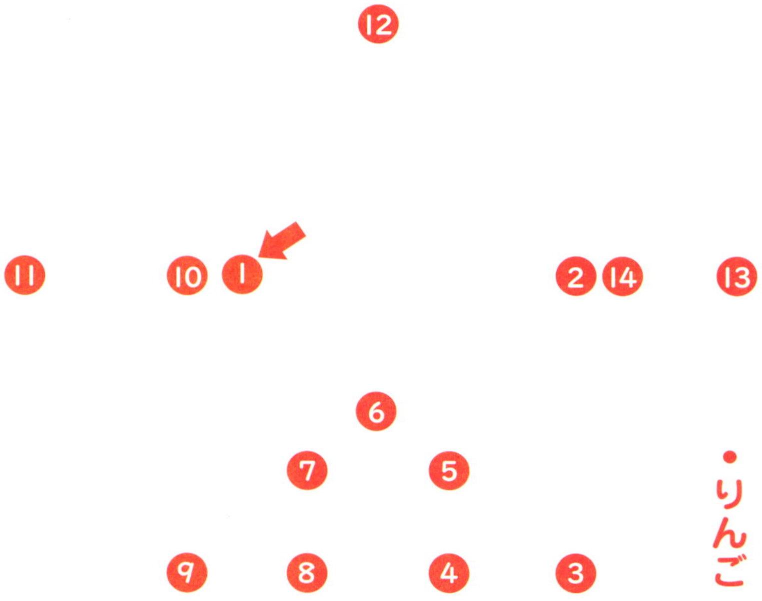

くいず2

- ずぼん
- しゃつ
- てれび

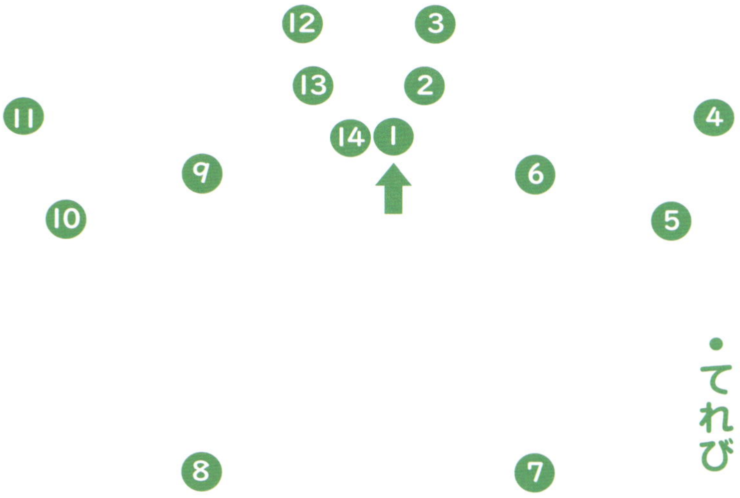

くいず3

- とらっく
- いるか
- たこ

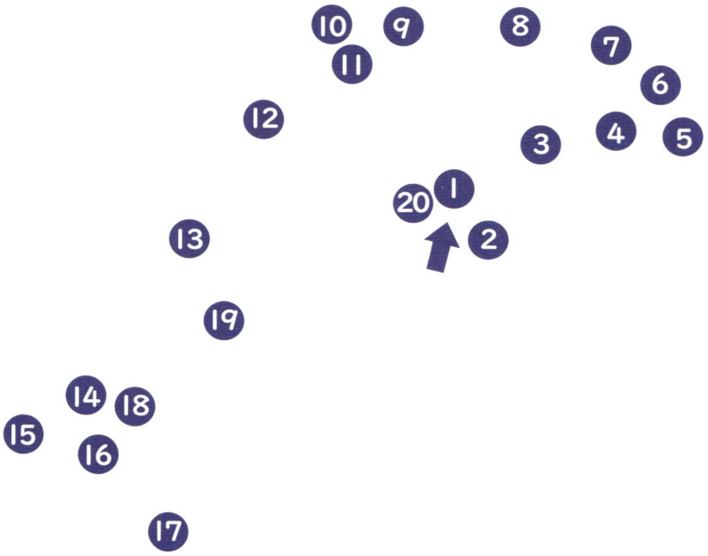

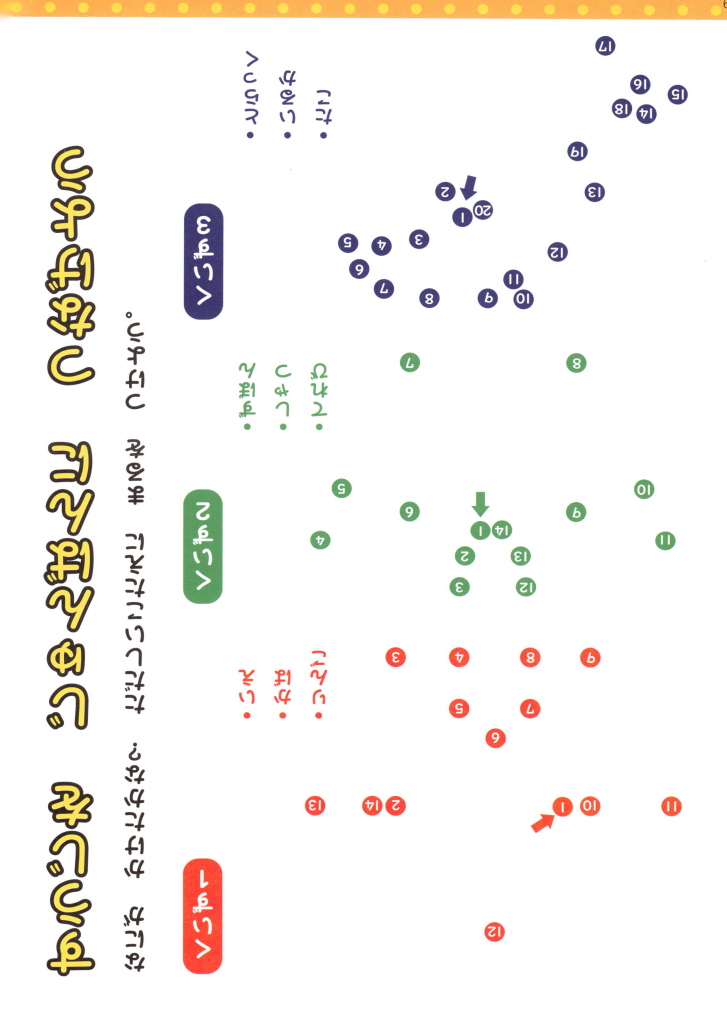

すうじを　じゅんばんに　つなげよう

なにが　かけたかな？　ただしいこたえに　まるを　つけよう。

くいず1

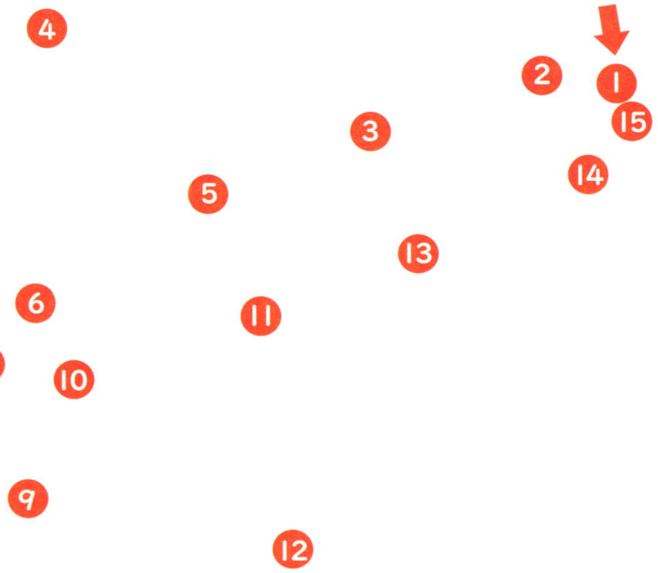

- ひこうき
- はな
- くるま

くいず2

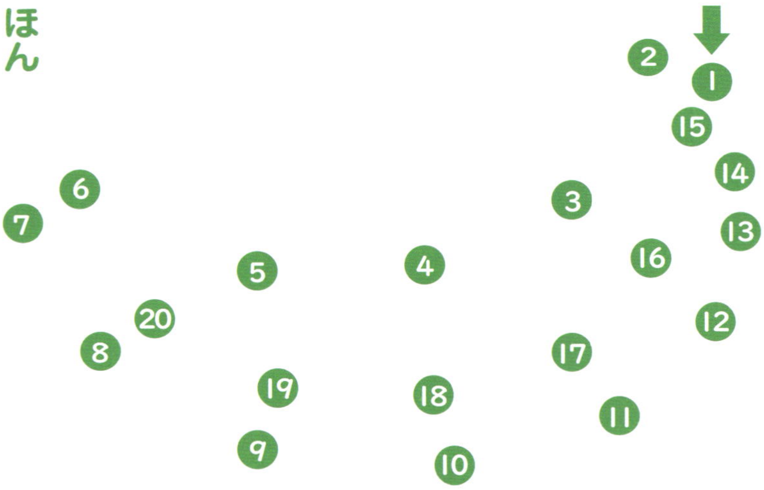

- ほん
- ふね
- ばなな

くいず3

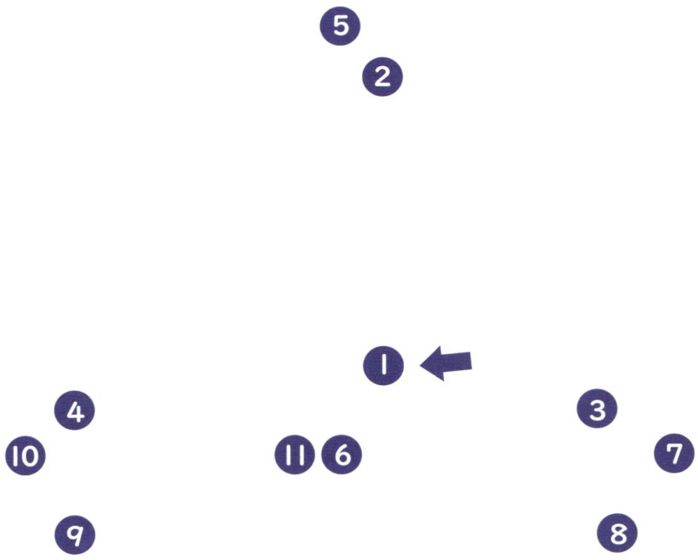

- くるま
- ひこうき
- よっと

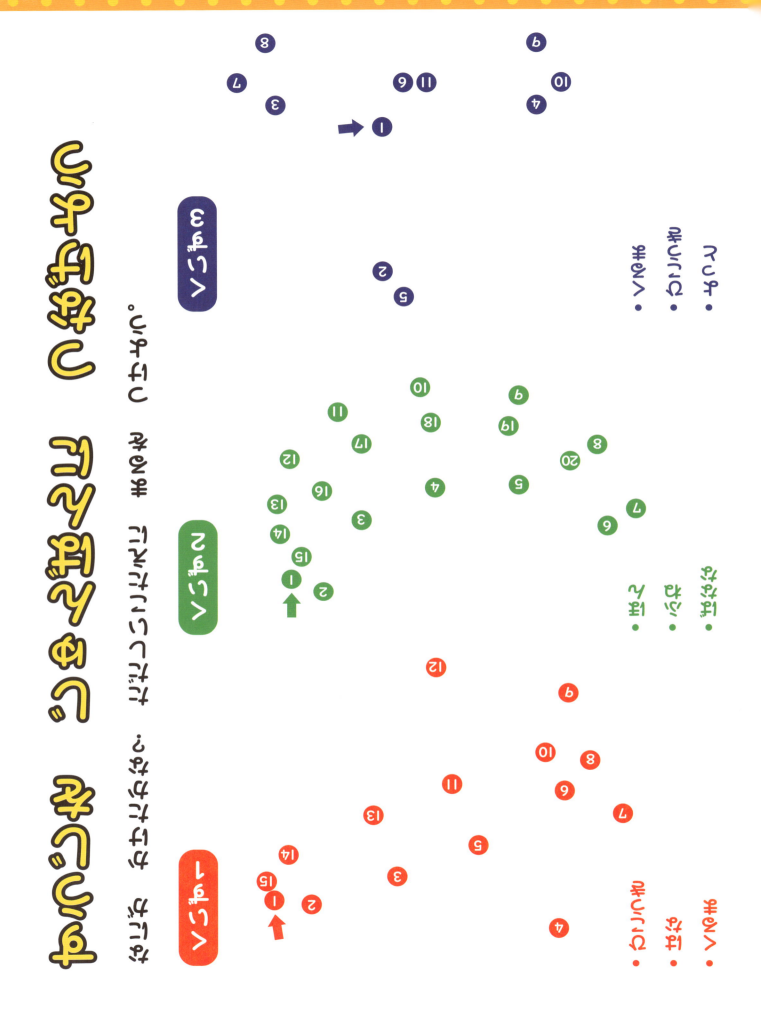

とうだいコース

すうじを　じゅんばんに　つなげよう

なにが　かけたかな？　ただしいこたえに　まるを　つけよう。

（おなじいろの　すうじを　つないでね）

くいず1

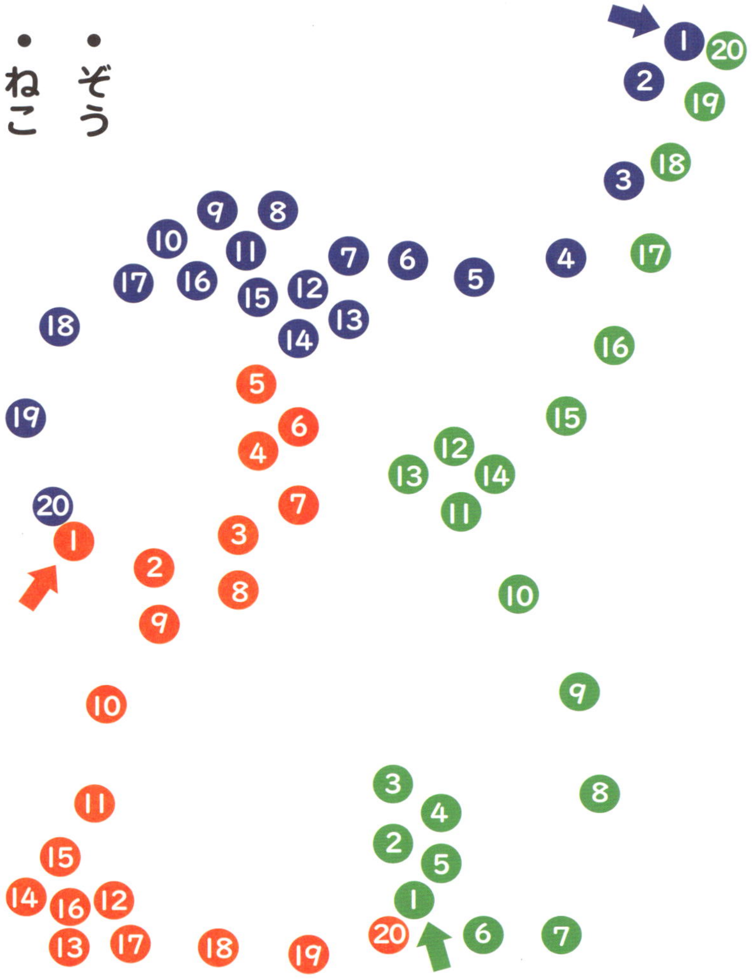

- ぞう
- ねこ
- うし

くいず2

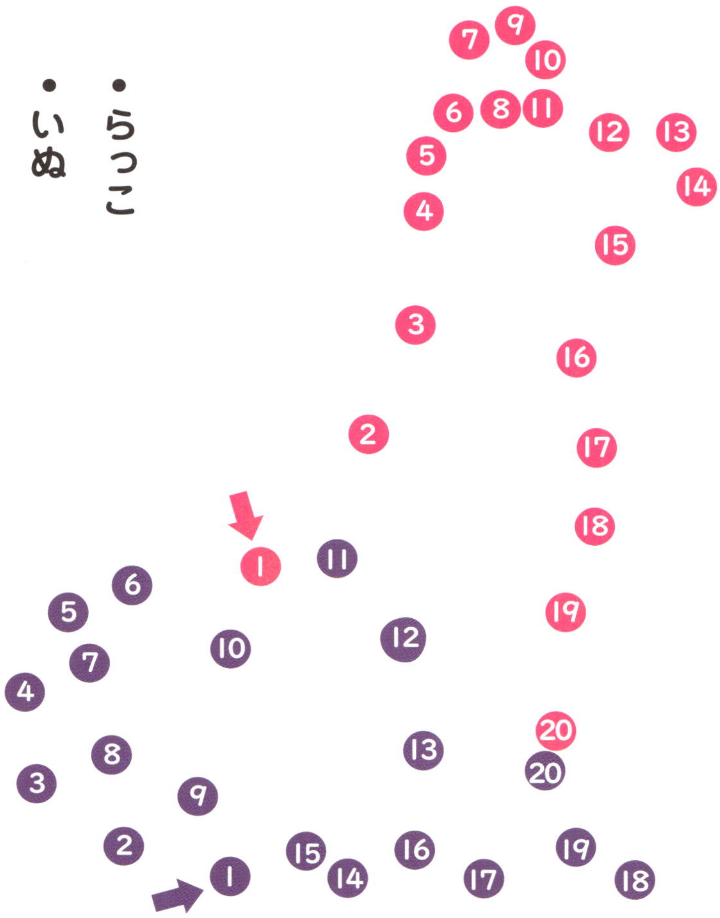

- らっこ
- いぬ
- ぞう

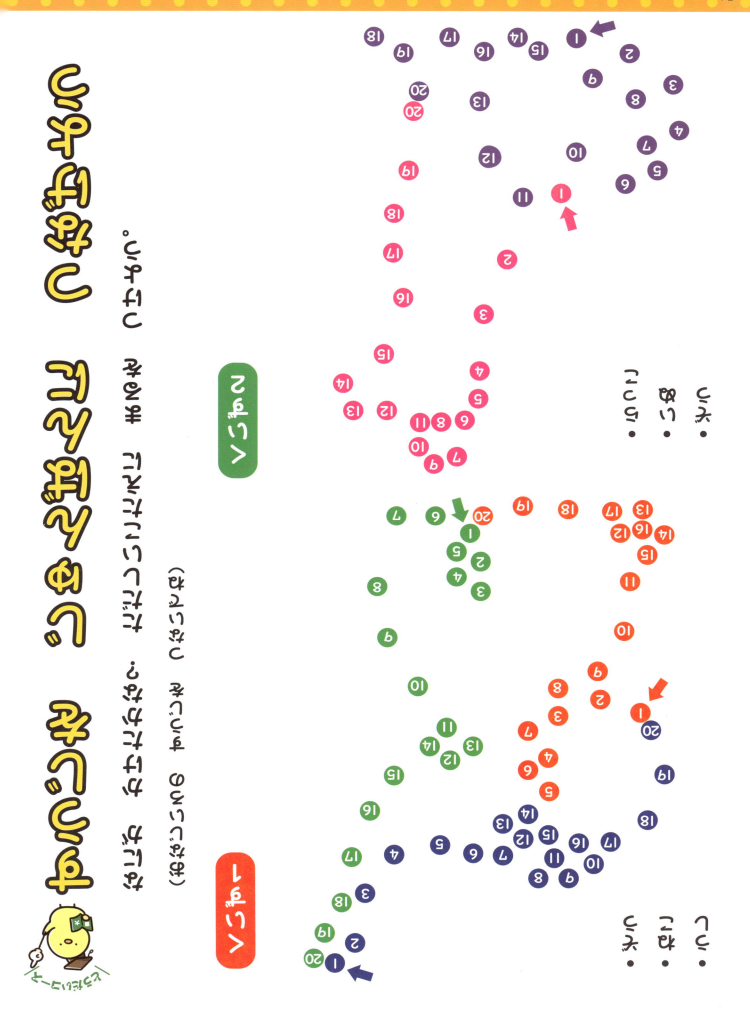

1から5の　すうじを　かこう

おてほんのじゅんに ―― をなぞろう。 □ のなかにかいてみよう。

1《いち》 1 1

2《に》 2 2

3《さん》 3 3

4《し(よん)》 4 4

5《ご》 5 5

6から10の　すうじを　かこう

おてほんのじゅんに —— をなぞろう。 □ のなかにかいてみよう。

ろく

6 6 6

しち（なな）

7 7 7

はち

8 8 8

く（きゅう）

9 9 9

じゅう

10 10 10

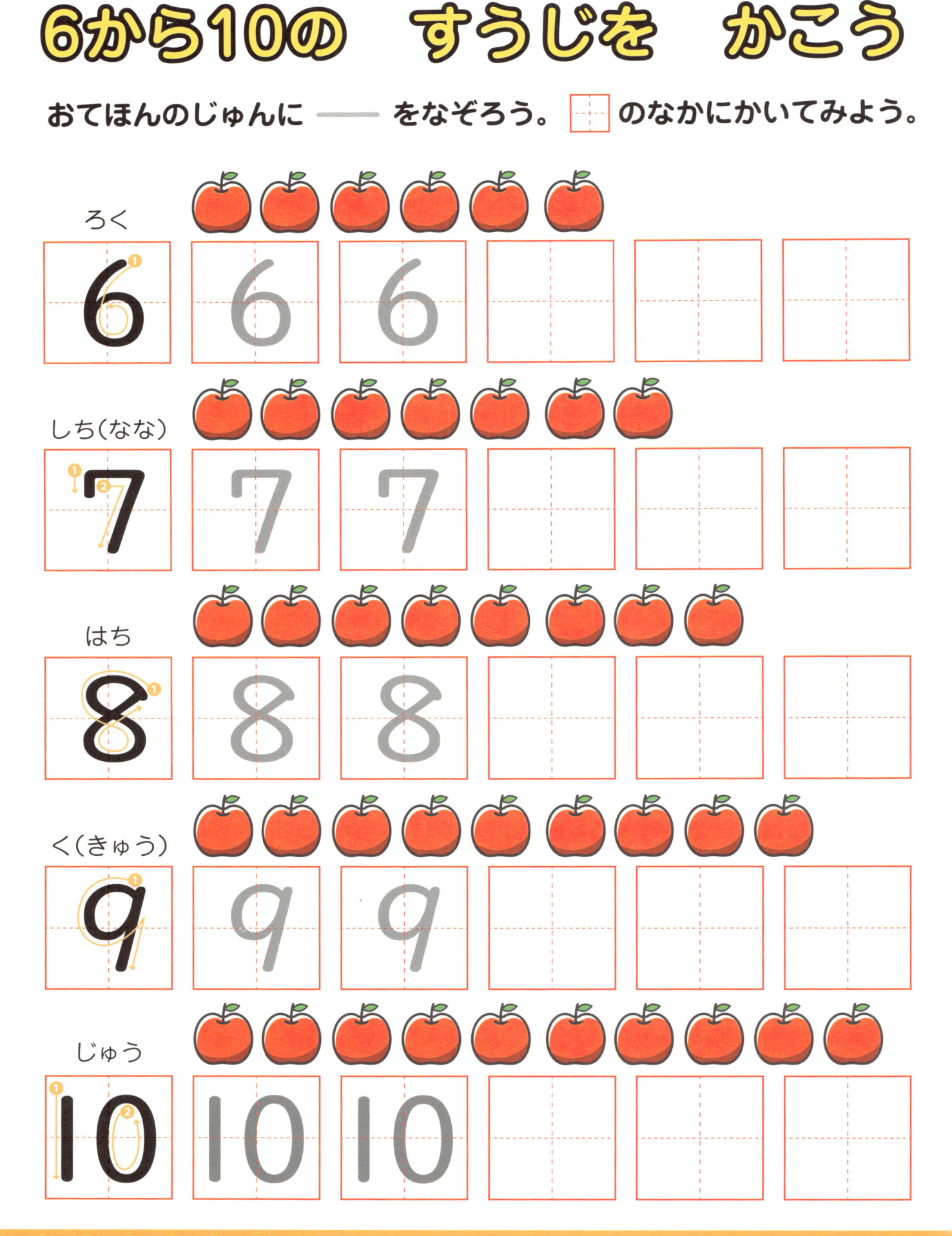

ABC《おおもじ》 と abc《こもじ》 をかこう

おてほんのじゅんに —— をなぞろう。 □ のなかにかいてみよう。

A《えい》 A A

B《びー》 B B

C《すぃー》 C C

a《えい》 a a

b《びー》 b b

c《すぃー》 c c

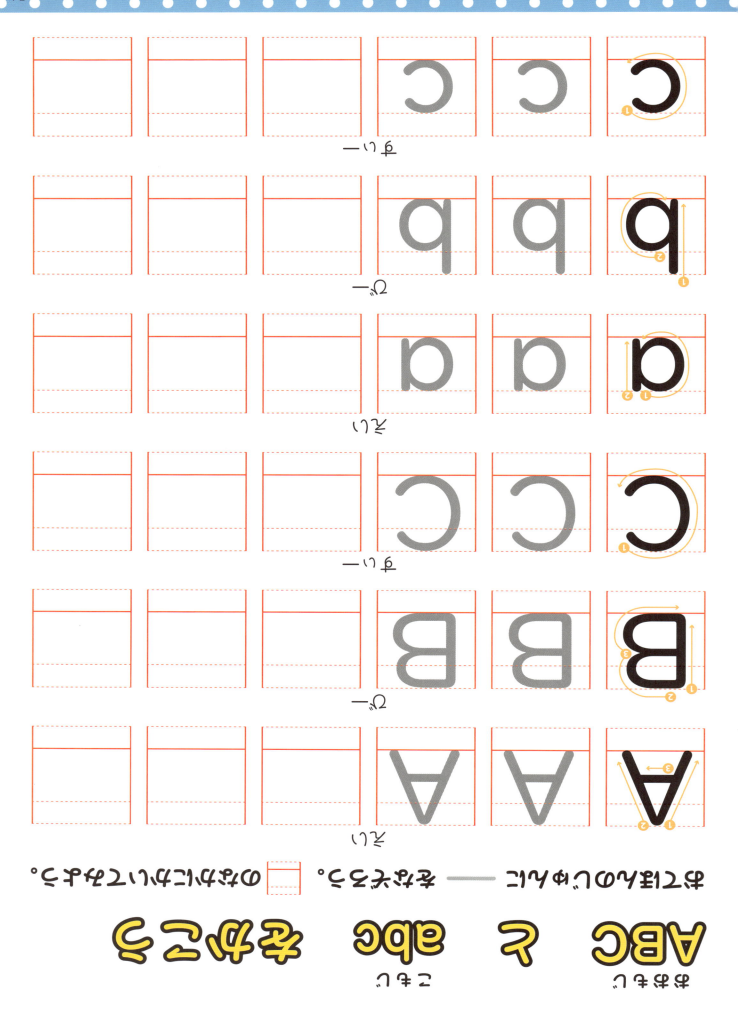

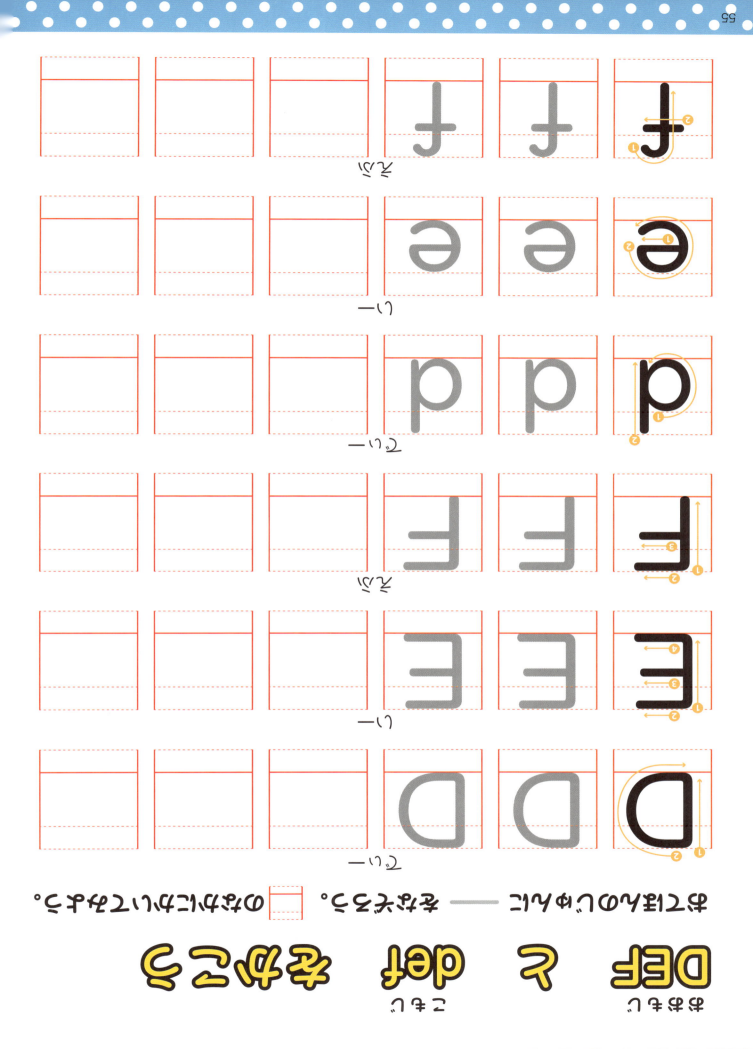

DEF《おおもじ》 と def《こもじ》 をかこう

おてほんのじゅんに ―― をなぞろう。 □ のなかにかいてみよう。

でぃー

D D D

いー

E E E

えふ

F F F

でぃー

d d d

いー

e e e

えふ

f f f

GHI《おおもじ》 と ghi《こもじ》 をかこう

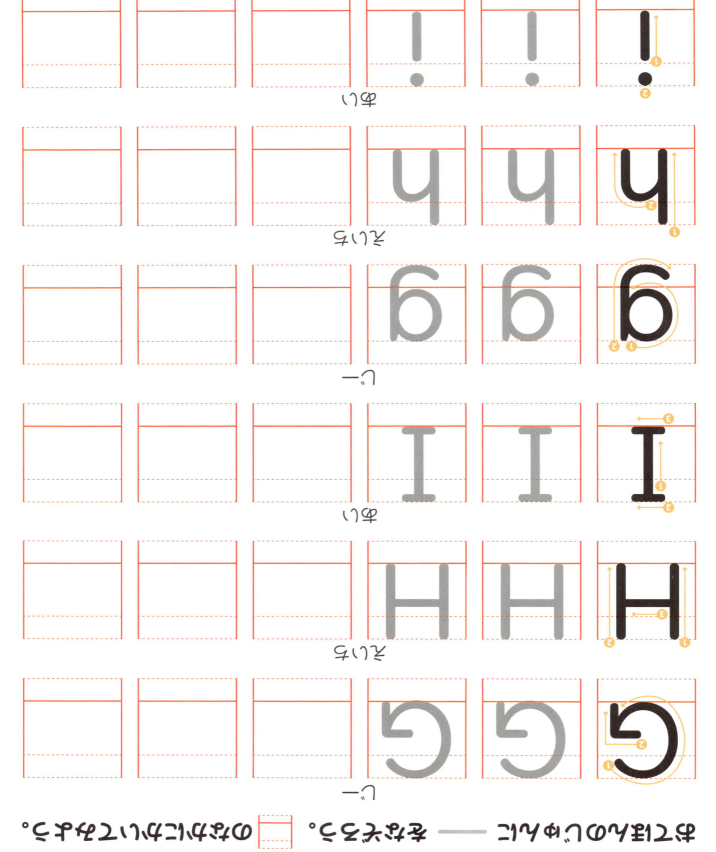

おてほんのじゅんに —— をなぞろう。 □ のなかにかいてみよう。

じー

G G G

えいち

H H H

あい

I I I

じー

g g g

えいち

h h h

あい

i i i

JKL《おおもじ》 と jkl《こもじ》 をかこう

おてほんのじゅんに ―― をなぞろう。□のなかにかいてみよう。

J《じぇい》 J J

K《けい》 K K

L《える》 L L

j《じぇい》 j j

k《けい》 k k

l《える》 l l

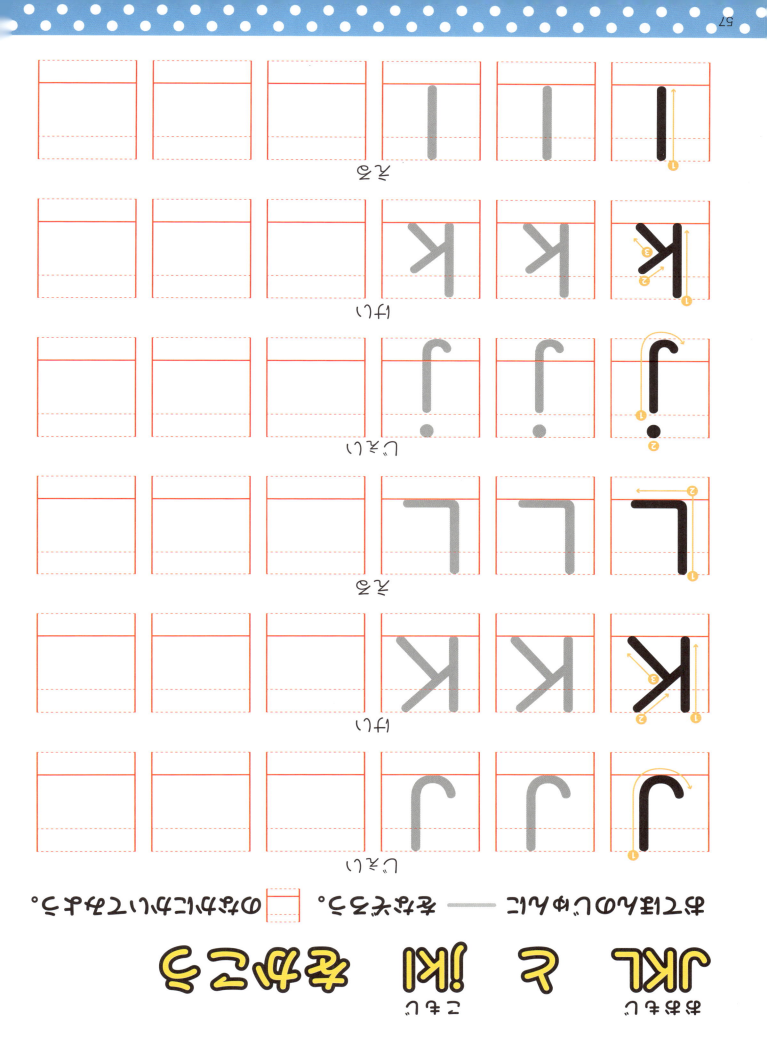

MNO《おおもじ》 と mno《こもじ》 をかこう

おてほんのじゅんに ―― をなぞろう。 のなかにかいてみよう。

えむ

M M M

えぬ

N N N

おう

O O O

えむ

m m m

えぬ

n n n

おう

o o o

PQR《おおもじ》　と　pqr《こもじ》　をかこう

おてほんのじゅんに —— をなぞろう。 □ のなかにかいてみよう。

ぴー

P P P

きゅー

Q Q Q

あーる

R R R

ぴー

p p p

きゅー

q q q

あーる

r r r

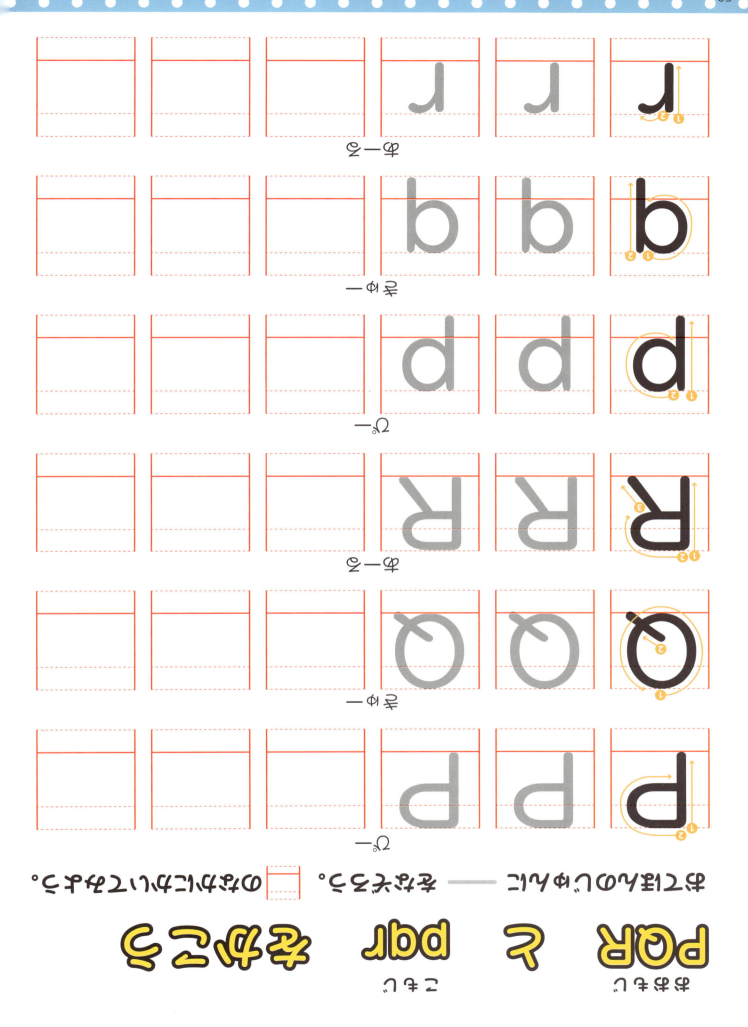

STU《おおもじ》 と stu《こもじ》 をかこう

おてほんのじゅんに —— をなぞろう。 □ のなかにかいてみよう。

えす

S S S

てぃー

T T T

ゆー

U U U

えす

s s s

てぃー

t t t

ゆー

u u u

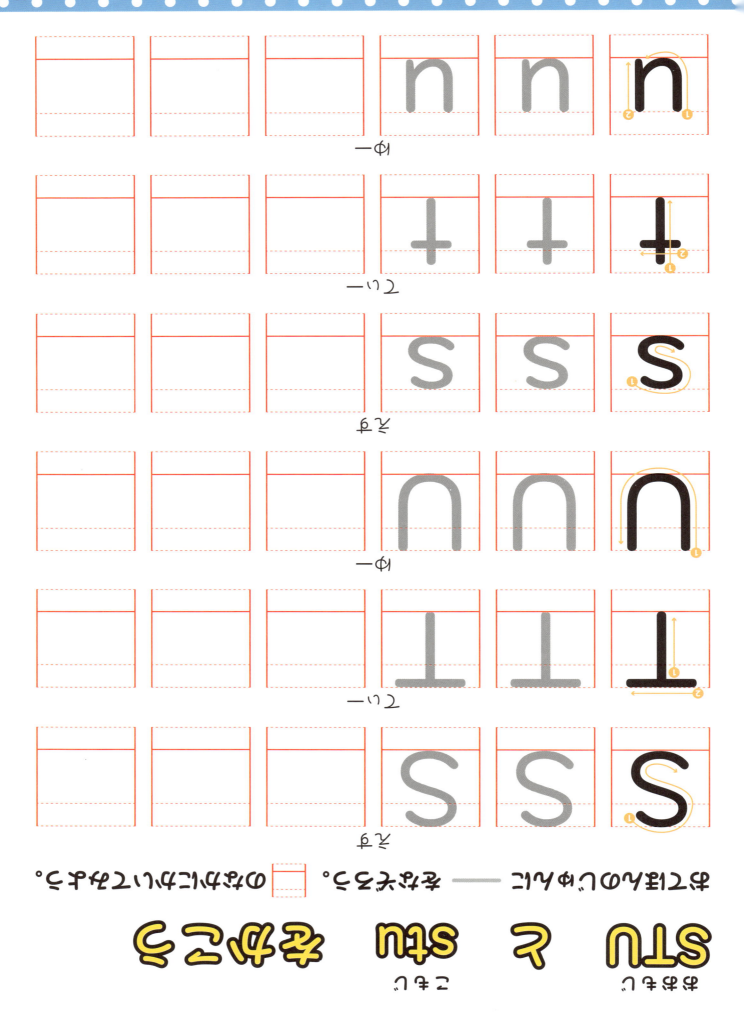

VWX《おおもじ》 と vwx《こもじ》 をかこう

おてほんのじゅんに ―― をなぞろう。□ のなかにかいてみよう。

ぶい（ヴィー）

だぶりゅー

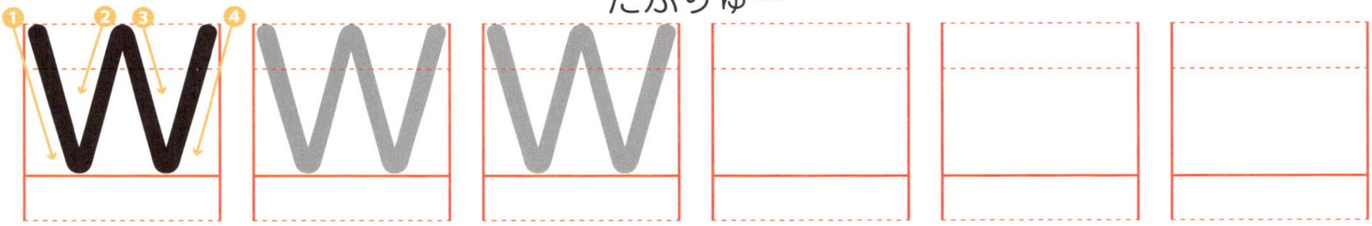

えっくす

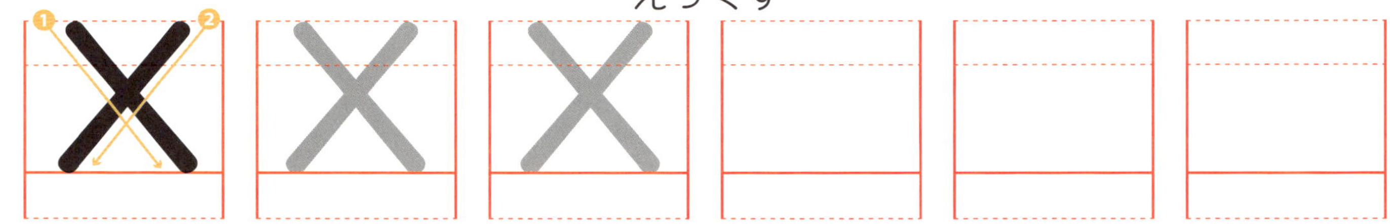

ぶい（ヴィー）

だぶりゅー

えっくす

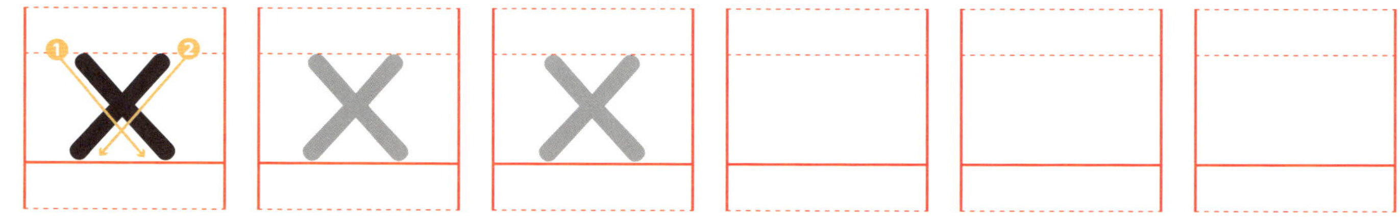

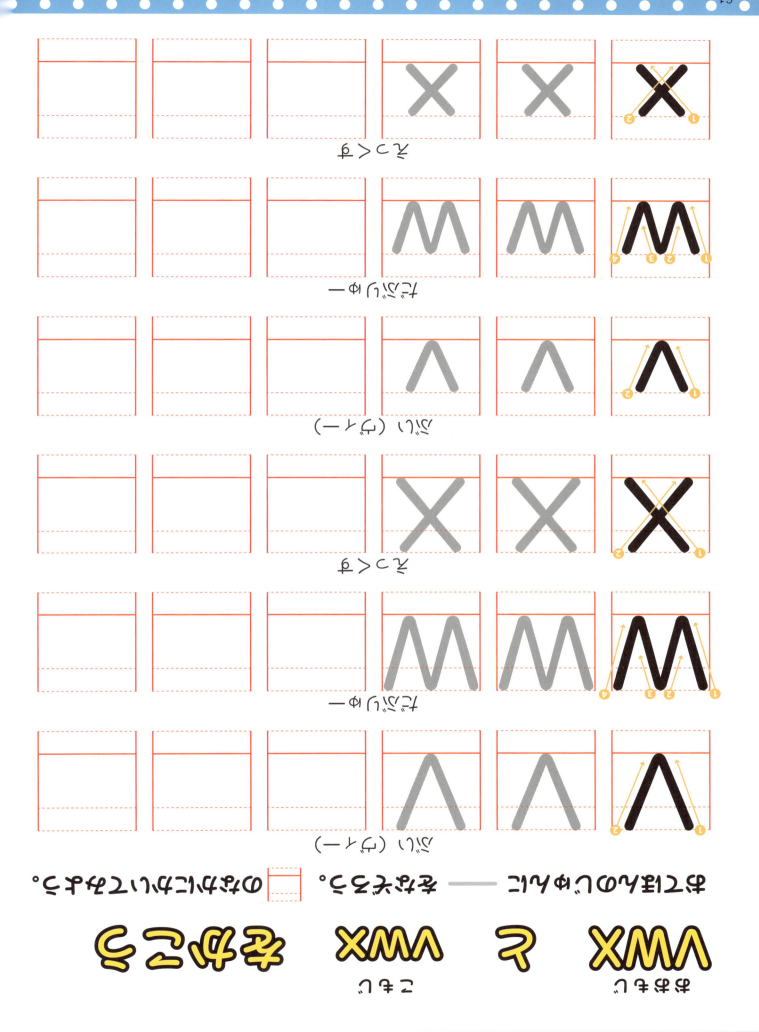

YZ《おおもじ》 と yz《こもじ》 をかこう

おてほんのじゅんに —— をなぞろう。 □ のなかにかいてみよう。

わい

Y Y Y

ずぃー

Z Z Z

わい

y y y

ずぃー

z z z

えいごの　おおもじと　こもじの　じゅんばん

おおもじ

ABCDEFGHIJKLMNOPQRSTUVWXYZ

こもじ

abcdefghijklmnopqrstuvwxyz

ABCじゅんに　つなげよう

なにが　かけたかな？　ただしいものに　まるを　つけよう。

くいず1（おおもじ）

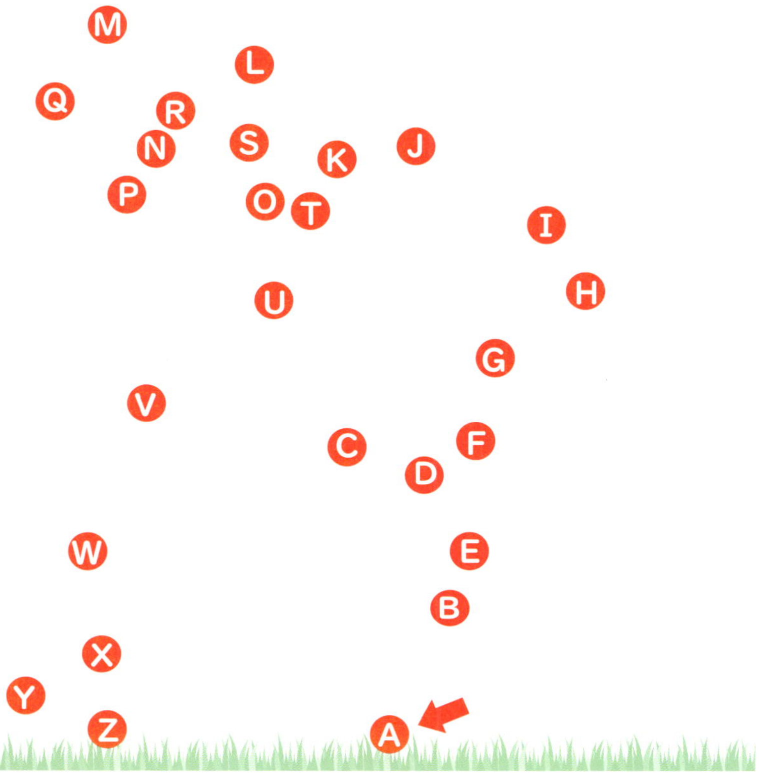

- うさぎ
- かめ
- らいおん

くいず2（こもじ）

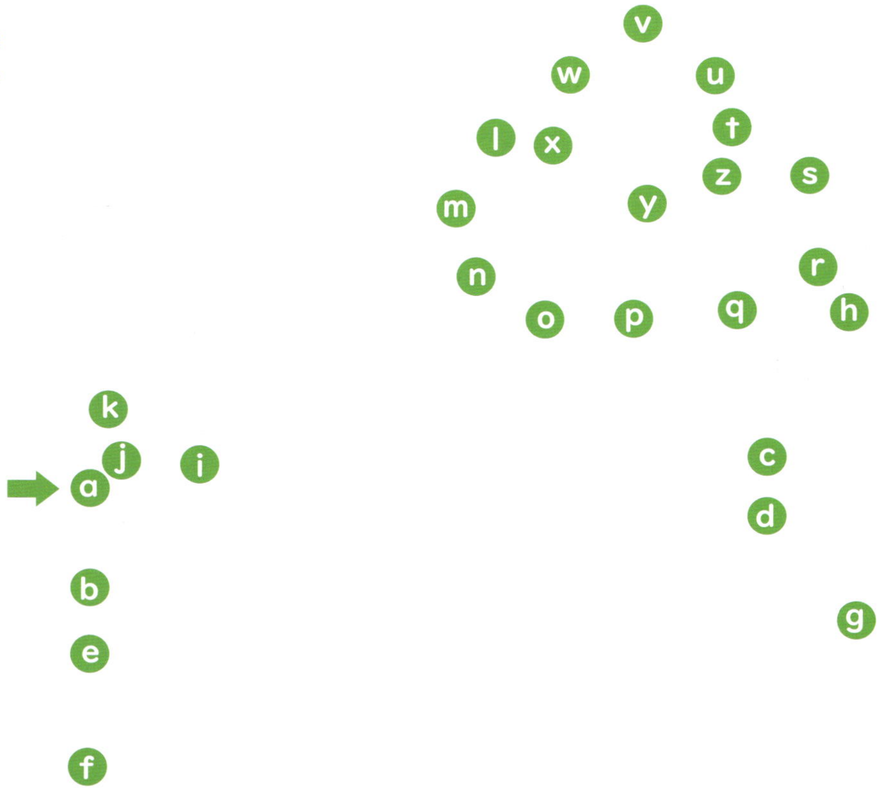

- ぴざ
- しょーとけーき
- あいすくりーむ

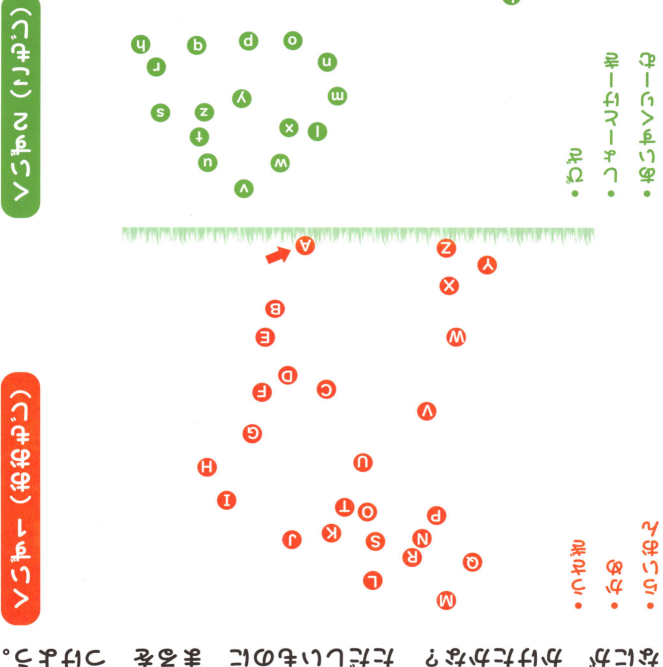

こたえあわせ

P6

P25

P41
くいず1：かみひこうき
くいず2：りんご
くいず3：さかな

P42
くいず1：あひる
くいず2：ねこ
くいず3：くるま

P43
くいず1：そふとくりーむ
くいず2：ぎたー

P44
くいず1 あ　くいず2 く　くいず3 ち　くいず4 て　くいず5 ま

P45
くいず1 お　くいず2 さ　くいず3 め　くいず4 ね　くいず5 ほ

P49
くいず1：いえ
くいず2：しゃつ
くいず3：いるか

P50
くいず1：ひこうき
くいず2：ばなな
くいず3：よっと

P51
くいず1：ぞう
くいず2：いぬ

P63
くいず1：うさぎ
くいず2：しょーとけーき

参考文献

P3 — 頭脳開発・学研教室編集チーム. 頭脳開発×学研教室　入学準備2025年度版. Gakken, 2024.

P4 —トンボ鉛筆. “How to えんぴつの正しい持ち方.” トンボのイッポ, 2019, https://tombow-ippo.jp/howto/, (参照 2022-02-17).

P14 — 放課後等デイサービス キート. “消しゴムの使い方.” 放課後等デイサービス キート, 2020, https://kiiit.jp/news/?p=11201, (参照 2022-02-17).

P14 —トンボ鉛筆. “消しゴムの上手な使い方.” Tombow, 2019, https://www.tombow.com/mamechishiki/e86/, (参照 2022-02-17).